COURS
D'ARTICULATION

ENSEIGNEMENT DE LA PAROLE ARTICULÉE
AUX SOURDS-MUETS

PAR

M^S MAGNAT
DIRECTEUR DE L'INSTITUTION DES SOURDS-MUETS
A GENÈVE

PARIS
SANDOZ ET FISCHBACHER, ÉDITEURS
33, RUE DE SEINE ET RUE DES SAINTS-PÈRES, 33

1874

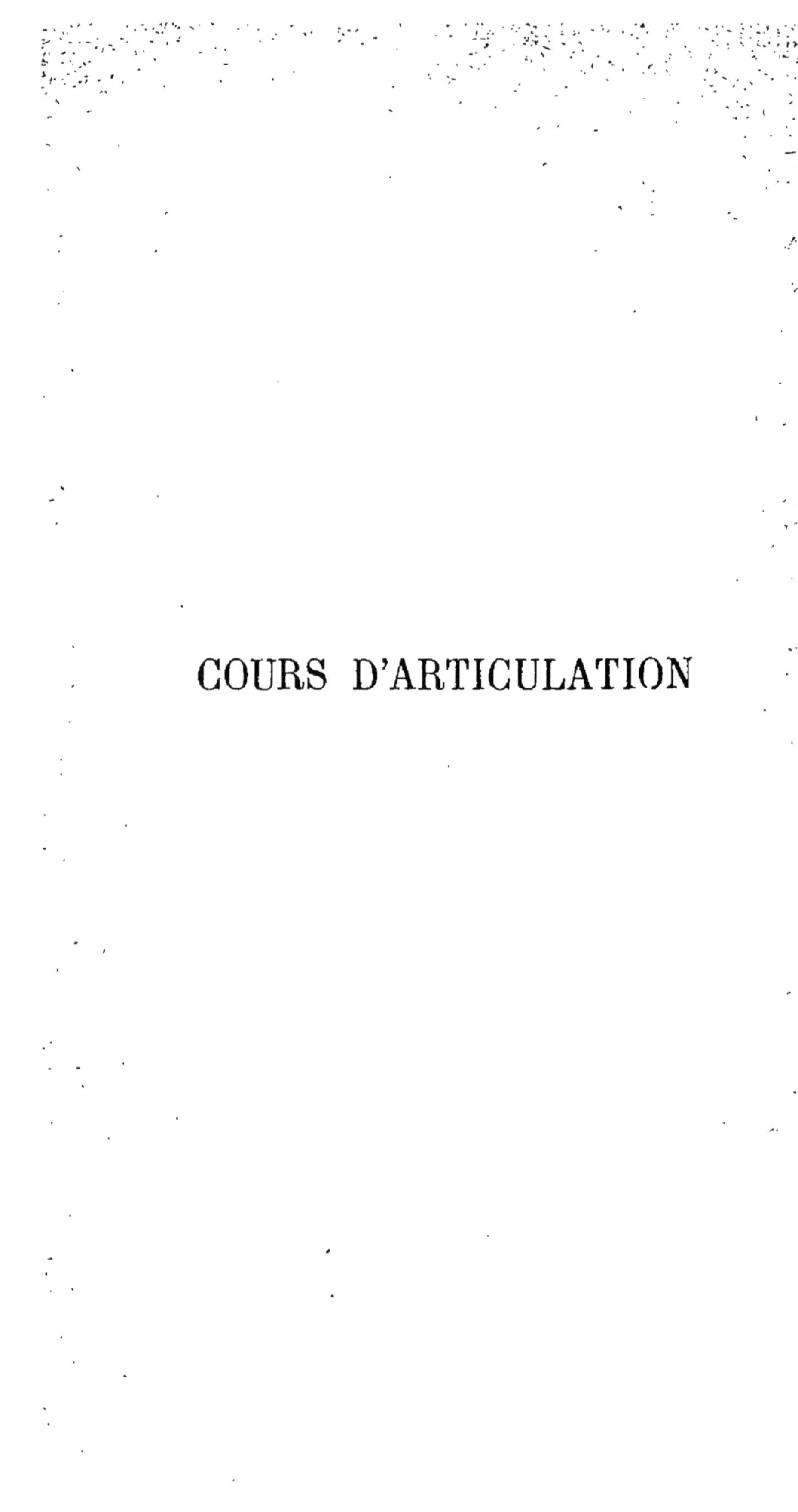

COURS D'ARTICULATION

PARIS. — TYPOGRAPHIE DE CH. MEYRUEIS
rue Cujas, 13. — 1874.

COURS
D'ARTICULATION

ENSEIGNEMENT DE LA PAROLE ARTICULÉE AUX SOURDS-MUETS

PAR

Ms MAGNAT

DIRECTEUR DE L'INSTITUTION DES SOURDS-MUETS
A GENÈVE

PARIS
SANDOZ ET FISCHBACHER, ÉDITEURS
33, RUE DE SEINE ET RUE DES SAINTS-PÈRES, 33

1874

A M. LUCIEN DE LA RIVE

Vos soins à assurer aux sourds-muets de l'Institution de Genève l'enseignement de la parole articulée, l'intérêt que vous portez à toutes les questions se rattachant au développement de leur instruction et de leur éducation, l'importance qu'a pour vous la discussion de tous les problèmes se rapportant à cet enseignement spécial, les conseils que vous m'avez donnés avec tant de sollicitude à l'effet de me seconder dans l'œuvre que je poursuis, m'engagent à vous prier d'accepter la dédicace de mon Cours d'articulation, *et me permettent d'espérer que vous l'accueillerez favorablement comme expression de ma reconnaissance.*

Veuillez bien agréer, Monsieur, mes sentiments les plus respectueux et les plus dévoués,

MAGNAT.

Ce n'est pas pour critiquer les travaux de mes collègues; c'est encore moins pour méconnaître leurs louables efforts que je prends la plume. Une semblable tâche me répugnerait; il m'est bien plus agréable de frayer dans des chemins battus que d'en rechercher qui soient pleins d'épines.

Je me propose, en publiant ces pages, de relever quelques erreurs, non d'ignorance, mais d'inexpérience, qui se sont glissées dans la pratique de la méthode d'articulation actuellement en usage dans les institutions de sourds-muets de l'école française. Je passerai aussi en revue quelques appréciations erronées provenant de connaissances insuffisantes et quelques jugements faux prononcés à la suite de faits non suffisamment étudiés, tout en exposant avec clarté et simplicité la méthode d'articulation telle qu'elle est pratiquée dans mon institution.

Avant d'aborder mon sujet, je dois déclarer encore que je n'ai nullement l'intention de m'engager dans une polémique interminable ni dans de stériles discussions sur des mots.

Si je fais quelques citations, si je m'appuie sur le dire de mes prédécesseurs, c'est afin de prouver que je tiens à me conformer à la tradition de notre enseignement spécial et de confirmer par mon expérience les assertions de mes devanciers.

Je n'innove pas; Dieu merci, la méthode dont je m'occupe compte déjà plus d'un siècle d'existence : ce sont les moyens que j'emploie dans la pratique de cette méthode que je désire soumettre à l'appréciation de mes lecteurs.

Ce n'est donc pas un ouvrage de pure théorie, un ouvrage de cabinet que je leur offre, et, si ce n'est qu'au pied du mur que l'on connaît le maçon, il sera facile de convaincre que le côté particulier de mon travail consiste dans une disposition nouvelle des matériaux mêmes employés à élever l'édifice.

Pour enseigner l'articulation aux sourds-muets, j'ai composé : 1° une *citolégie* ; 2° un premier livre de lecture, faisant suite à ma citolégie, pour la formation des phrases.

L'enfant apprend d'abord à articuler des sons isolés, puis à réunir ces sons pour la formation de mots. Ces mots correspondent à des gravures. C'est l'objet de la citolégie.

Lorsque l'élève a terminé son cours d'articulation, il connaît de 600 à 700 substantifs auxquels il apprend, alors, à attribuer des qualités par l'emploi d'adjectifs convenables et du verbe *être* à la 3e personne du singulier du présent de l'indicatif.

Puis, vient l'emploi de l'auxiliaire *avoir*, des pronoms, des verbes et des mots invariables les plus usuels. L'élève ayant une connaissance suffisante de ce livre commence à entrer en relation, avec les entendants-parlants, par la parole articulée. Il abandonne les signes. Il faut alors mettre entre ses mains un deuxième livre de lecture récapitulant ce qu'il a appris par la formation de phrases à sa portée, et développant son intelligence en passant du connu à l'inconnu.

Dans ce but, j'ai fait un choix de sujets s'appliquant à la vie journalière, et dans le développement desquels ne figurent que des mots déjà connus de l'élève.

L'ouvrage à employer ensuite est un troisième livre de lecture servant de continuation au premier pour l'emploi de nouveaux mots, de toutes les personnes et de tous les temps des verbes, de mots invariables, etc. Lorsque l'élève en a terminé l'étude, il sait parler. Il est alors, quant à la parole, à peu près au niveau de l'enfant entendant à son entrée à l'école, mais il est supérieur à ce dernier quant à l'orthographe, à l'écriture et à l'arithmétique. Il peut commencer la grammaire, l'histoire, la géographie, le dessin et résoudre des problèmes sur les quatre règles. Dorénavant toutes les leçons lui seront données par la parole articulée comme à un enfant entendant-parlant. On peut alors passer à un quatrième livre de lecture qui est au troisième ce que le deuxième est au premier.

Mon enseignement est divisé comme suit :

1re année : l'articulation proprement dite; citolégie; noms des objets. 2e année : premier livre de lecture; formation de phrases; deuxième livre de lecture. 3e année : troisième livre de lecture; continuation de la formation de phrases et extraits de nos conversations avec les élèves. 4e et 5e année : enseignement primaire; lecture; écriture, grammaire, arithmétique, histoire, géographie, dessin. 6e et 7e année : enseignement secondaire.

Après cet exposé succinct, je vais entrer dans tous les détails nécessaires pour être bien compris.

COURS D'ARTICULATION

La première question que nous suggère l'enseignement de l'articulation aux sourds-muets est celle-ci : La méthode d'articulation est-elle applicable à tous les sourds-muets? ou, en d'autres termes, tous les sourds-muets peuvent-ils arriver à posséder la parole articulée et à s'en servir dans le domaine social de manière à être compris de chacun?...

Il est incontestable que dans l'éducation du sourd-muet comme dans celle de l'entendant-parlant, les dispositions intellectuelles du sujet constituent la condition première de réussite pour l'enseignement qu'il reçoit. Il est évident que, si nous nous adressons à un sourd-muet faible d'intelligence, il sera très-difficile de lui faire comprendre le jeu des organes vocaux et par suite de le lui faire imiter. A cause de leur inactivité, ces organes se refuseront aux exercices nécessaires pour produire des sons suffisamment accentués; mais je dois ajouter que par la méthode française on ne parvient pas davantage à lui inculquer un langage écrit régulier et compréhensible. Cet enfant enseigné par l'une ou l'autre méthode ne sera qu'un mauvais élève. 2° Si la santé de l'enfant est affectée d'une grande faiblesse physique par suite d'une débilité générale du système nerveux, surtout si cette faiblesse provient de celle des organes intérieurs propres à la production de la voix, il faudra renoncer à lui enseigner la parole, bien qu'il puisse être doué, du reste, d'une intelligence ordinaire et d'organes vocaux d'une conformation normale. 3° Il faudra également renoncer à l'articulation si les organes vocaux de l'enfant sont trop défectueux pour lui permettre jamais de parvenir à la clarté de prononciation nécessaire dans nos communications orales, ou encore si sa vue est trop faible pour qu'il puisse suivre avec toute l'attention requise les mouvements de la bouche pour les imiter et ensuite les lire. Mais je me hâte d'affirmer que les dispositions physiques ne sont pas celles qui font généralement défaut. En effet, les organes qui produisent la parole ont d'autres fonctions que celles des phénomènes vocaux; ainsi les poumons qui sont avant tout, dans l'organisme animal, les organes de la respiration, fournissent en même temps le souffle nécessaire au jeu de l'instrument vocal. Le pharynx qui sert d'origine commune aux voies digestives et respiratoires, donne passage à l'air, et forme le tuyau de résonnement en même temps qu'il donne passage aux aliments lors de leur déglutition. La bouche, meublée de la langue et des dents, renferme les organes de la mastication en même temps qu'elle est le pavillon de l'instrument vocal. — Je ne serai certainement pas contredit par les hommes compétents dans l'enseignement de l'articulation, en affirmant qu'en dehors même d'un certain degré d'ouïe, tout sourd-muet chez qui s'opèrent sans difficulté les fonctions de la respiration, de la déglutition et de la mastication, est propre, bien que sourd-muet de naissance, et sourd à ne pas entendre les sons-bruit, à être formé à l'articulation de la parole.

L'école française des sourds-muets répondra à mon assertion : « Vous affirmez et ne prouvez rien ; enseigner l'articulation aux élèves qui n'entendent pas les sons-bruit, c'est vouloir semer sur le roc; c'est là bien plutôt le fait d'esprits curieux et avides de phénomènes que d'utilité pratique ; le sourd-muet ne retirera aucun avantage de cet essai qui n'aura été pour lui qu'un long martyre ; c'est perdre un temps précieux qu'on pourrait employer plus utilement dans l'enseignement de la langue par l'intermédiaire du langage naturel des signes servant de base à l'écriture, etc., etc. »

Qu'il me soit permis de demander à l'école française si elle est vraiment bien compétente pour être juge en cette question. Peut-elle être juge d'une chose qu'elle n'enseigne pas, — bien plus, — qu'elle ne connaît pas? car il n'est que trop vrai que dans la plupart des institutions où l'on enseigne les sourds-muets d'après la méthode française, on fait peu de cas de l'articulation; elle y est considérée comme une chose accessoire, comme un complément nécessaire à l'instruction du sourd-muet, exigeant beaucoup de temps, d'argent, de travail assidu, et néanmoins nul pour l'élève, à cause du laps de temps insuffisant qu'on y a consacré. En général on traite l'articulation avec un peu de légèreté et presque nulle part elle ne sert de base à l'enseignement, pas même pour les sourds-muets auxquels cette méthode pourrait être avantageusement appliquée. Très-souvent on déclare des élèves incapables d'articuler avant de les avoir suffisamment exercés. On désespère surtout quand il s'agit d'enseigner par cette méthode les sourds-muets de naissance ou que l'on croit tels parce qu'on ne les a jamais entendus parler; on oublie que d'après les statistiques les plus accréditées, un très-grand nombre de ces malheureux n'ont contracté cette infirmité que dans le premier âge.

Or, du fait que le rôle de l'articulation n'a pas été compris, qu'il a été mal déterminé, que dans son enseignement il s'est commis des erreurs suivies de grandes déceptions, il est résulté une grave conséquence : le dénigrement et le discrédit d'une branche aussi importante de l'enseignement. Toutefois, il faut bien l'avouer, ce dénigrement, ce discrédit encore actuellement persistants, n'ont pris naissance que dans les résultats déplorables obtenus sans souci des moyens employés dans cet enseignement. En effet, ces moyens ont abouti à une parole sourde, gutturale, presque lugubre, qui produit chez les interlocuteurs des sourds-muets une impression et une sensation désagréables et pénibles. Comment, par exemple, pourrait-on s'attendre à une parole sonore, claire, vibrante, intelligible de la part de sourds-muets enseignés par un professeur sourd-muet? Ce professeur peut certainement vérifier si son élève exécute bien les mouvements déterminés pour articuler tel mot ou telle phrase donnée ; mais peut-il vérifier si les sons qu'il émet, supposé qu'il en émette, sont gutturaux, nasaux, trop forts ou trop faibles, etc. ? Evidemment non. Il n'est pas nécessaire de prouver que l'enseignement d'un tel professeur pèche par la base, ni que la méthode d'articulation ne saurait être atteinte par les mauvais résultats qu'il en a obtenus. Qui veut la fin veut les moyens. Pour nous entendants, ce ne sont pas les mouvements des organes vocaux qui nous importent, c'est la parole articulée que nous désirons ouïr et comprendre. Pour que l'articulation d'un sourd-muet soit bonne et compréhensible, elle doit nécessairement être enseignée par un professeur capable, jouissant du sens de l'ouïe. Je ne puis concevoir, je l'avoue, l'enseignement de l'articulation par un professeur atteint de surdité ; en tout cas, je ne crains pas d'être contredit en affirmant de la manière la plus catégorique que le résultat doit en être déplorable.

Comment avec une méthode mal définie et, disons-le, ignorée et négligée, peut-on s'attendre à des résultats complets? Si une mère se trouve dans l'obligation de faire beaucoup d'efforts pour aider la nature dans le premier développement de son enfant, quant à la parole, combien plus ces efforts doivent-ils être grands, soutenus et sérieux de la part d'un professeur, quand il s'agit de sourds-muets! — Le nerf qui manque à l'école française des sourds-muets relativement à l'enseignement de la parole articulée, c'est la persuasion que la parole, même imparfaite, est la meilleure forme, le meilleur instrument de la pensée; par suite, on néglige dans les institutions de séparer les élèves capables de suivre cette méthode, de ceux auxquels elle n'est pas appliquée, et ainsi la mimique domine dans l'enseignement et en est la seule base. De plus, il résulte de cette manière d'enseigner l'articulation considérée comme accessoire, que bien des enfants éprouvent de la répugnance pour la parole articulée, répugnance provenant de ce qu'ils voient donner généralement la préférence à la méthode consistant dans la combinaison des signes avec l'écriture, et l'instituteur, en présence de l'indifférence ou de la mauvaise volonté de son élève, abandonne facilement un enseignement pour lequel il ne rencontre qu'aversion et que dégoût; assurément les résultats obtenus doivent se ressentir de ces dispositions. Or, mon expérience me démontre chaque jour que l'articulation ne produit de bons résultats sur l'ensemble des élèves que lorsqu'elle domine dans la classe, dans les relations des sourds-muets, soit entre eux, soit avec les entendants-parlants ; ses fruits ne sont réels que si elle est à la base et au fond de leur éducation. Dans le cas contraire, elle produit peu de fruits, souvent même elle s'efface ou s'annule faute d'exercice. — Je pense que la négligence de l'enseignement de l'articulation dans les institutions où prévaut la méthode française, ainsi que le peu de succès qui en est la conséquence, sont dus en grande partie au manque d'ouvrages traitant de cet enseignement spécial. De là aussi le peu de connaissances sur cet objet dans le corps enseignant.

Les difficultés que présente l'articulation exigent une ténacité, une persévérance, une expérience que ne peut posséder celui qui ne connaît pas la voie qu'il doit suivre dans son enseignement, ni le résultat qu'il peut atteindre. S'il n'a pas les connaissances physiologiques nécessaires, il se heurtera à des difficultés sans nombre qu'il n'avait pas même soupçonnées, qu'il ne pourra pas vaincre et qui le décourageront. — Pour avoir une idée exacte de la valeur des appréciations qu'on a portées en France sur la méthode d'articulation, il suffit de se rappeler que sous la direction de l'abbé Sicard, elle fut exclue de l'institution de Paris; qu'après y avoir fait une réapparition pendant quelques jours, elle en fut de nouveau supprimée, d'août 1832 jusqu'en janvier 1843. A partir de cette époque, jusqu'en 1852, un certain nombre d'élèves reçurent *une heure* par jour d'articulation. (Que peut-on faire en une heure? N'était-ce pas une dérision?) A partir de 1852 les élèves reçoivent *deux heures* d'articulation ils sont environ soixante et dix élèves, et l'on avoue que ce trop grand nombre d'élèves ne permet pas de les exercer tous à chaque cours; il n'y a que la moitié des élèves par séance soumis aux exercices de la parole. Nous revenons à l'époque de 1843-1852.

Eh bien, soyons conséquents. Que dirions-nous d'une mère qui permettrait à son jeune enfant, à qui elle apprend à parler, de communiquer avec elle et de lui parler pendant une heure par jour, et qui, ensuite, le placerait dans l'impossibilité de s'entendre, d'entendre ceux qui l'entourent et de parler pendant les autres heures de la journée? Pensez-vous que cet enfant arrive bien vite à la parole, quoiqu'il jouisse de la faculté d'ouïr pendant une heure, faculté que ne possède pas le sourd-muet? Raisonnablement, peut-on obtenir de bons résultats par un semblable enseignement de l'articulation?

Est-il possible de formuler un jugement dont l'autorité soit incontestable sur un enseignement dont la pratique laisse tant à désirer? Poser la question, c'est évidemment la résoudre. L'appréciation de M. Schöttle, instituteur de sourds-muets, à Berne, sur la valeur de l'enseignement de l'articulation en France est donc fondée : « L'importance que les Français ont attachée, dans ces derniers temps, à la langue articulée, en la reconnaissant comme utile, mais non comme nécessaire, en la regardant comme accessoire, mais non comme le moule de l'enseignement, n'est qu'un faux brillant par lequel ils font illusion aux personnes inexpérimentées dans l'art. Gardons-nous bien d'échanger notre or pur contre du clinquant par un vain désir de leur plaire. »

Je pourrais entrer dans bien d'autres considérations sur l'enseignement de l'articulation, telle qu'elle est pratiquée dans les institutions en France; celles que j'ai précisées suffisent pour démontrer que le jugement de condamnation prononcé par l'école française contre la méthode d'articulation ne repose sur aucun fondement sérieux et est dénué de l'autorité nécessaire pour inspirer de la confiance dans la question qui nous occupe. C'est donc sur les bancs d'institutions où la méthode d'articulation sert de base ou plutôt où la parole articulée est le résultat qu'on se propose, près d'hommes sérieux qui pratiquent cet enseignement depuis de longues années et qui en ont une profonde expérience que je dois me transporter pour connaître la véritable valeur de l'articulation auprès des sourds-muets.

Il est temps d'aborder mon sujet. J'ai dit : Tout sourd-muet chez qui s'opèrent sans difficulté les fonctions de la déglutition et de la mastication, est propre à être enseigné par la méthode d'articulation et à acquérir la parole articulée à la condition, toutefois, qu'il ne fasse pas partie des cas que j'ai indiqués et pour lesquels on doit renoncer à cet enseignement.

En France, on divise les sourds-muets en

trois catégories : 1° Celle des sourds-muets qui n'entendent rien. 2° Celle formée de ceux qui entendent les sons-bruit. 3° Celle représentée par des enfants qui ont perdu l'ouïe après avoir parlé.

On admet généralement que les sourds-muets appartenant à la 2e et à la 3e catégorie doivent et peuvent être enseignés avec succès par la méthode d'articulation ; mais ceux de la 1re catégorie sont considérés comme incapables d'articuler et de prononcer des membres de phrases et même des mots ; ils doivent être livrés à l'enseignement de l'écriture par la mimique. On donne pour motif d'impossibilité d'enseigner par la méthode d'articulation les sourds-muets appartenant à cette catégorie, le fait qu'ils ne peuvent émettre aucun son.

Or, il est impossible de prouver que parmi les sourds-muets de naissance, il se trouve des individus qui ne puissent émettre aucun son.

Tous, même ceux qui n'entendent absolument rien, produisent des sons, il est vrai, sans qu'ils en aient conscience, je veux dire sans qu'ils puissent les déterminer quoique souvent les mêmes sons sortent de leurs bouches.

Il est vrai aussi que souvent ces sons sont complétement étrangers aux nôtres; mais enfin, ce sont des sons et je ne crois pas trop avancer en affirmant que ces pauvres enfants ont comme une présomption que le son exprime quelque chose.

Le don d'imitation qui est très-développé en eux les pousse à imiter les entendants-parlants. Que d'efforts, que d'attention on peut remarquer sur leur figure pour connaître, pour saisir le sens des paroles prononcées en leur présence! Comme leurs yeux semblent nous dire : Que dites-vous? Impatientés de leur impuissance à comprendre, ils entrent quelquefois dans une grande colère et s'approchant de leurs parents en gesticulant, ils émettent rapidement, en les mâchant, des sons qui ressemblent à ceux d'un animal, mais dans lesquels cependant on trouve et les racines de sons et celles d'articulations.

Au reste, il n'est point nécessaire que je cherche à prouver ce que les personnes qui combattent la méthode d'articulation auprès des sujets de cette catégorie, reconnaissent elles-mêmes comme étant une vérité.

Ecoutons M. Colombat (de l'Isère) : « Dans la 1re catégorie sont réunis tous les sourds-muets *aphones*. Ces sourds-muets peuvent, il est vrai, de temps en temps, laisser échapper des sons, etc. »

Je n'insiste donc plus sur cette partie de mon sujet. — La seule raison plausible de ce qu'un sourd-muet n'émet aucun son, on ne peut la trouver que dans celle-ci : *C'est qu'il n'entend pas*, pour autant que ses organes vocaux ne sont pas défectueux ; par inverse, je puis avancer avec tout autant d'autorité que : s'il émet des sons, *c'est qu'il entend*.

Est-on bien certain qu'il se trouve beaucoup de sourds-muets qui n'entendent pas les sons-bruit ? Quels sont les moyens dont on dispose pour s'en assurer? M. le Dr Bonnafont nous apprend que : « Itard avait bien cherché à faire un classement des sourds-muets d'après le degré d'ouïe dont ils jouissaient, mais qu'en dehors des individus qui n'entendaient pas la voix en criant, ce praticien n'a rien indiqué pour constater le degré de leur audition.

« Il est résulté de cette insuffisance de moyens explorateurs, que bien des sujets, parce qu'ils n'entendaient pas la voix, étaient relégués parmi de plus sourds qu'eux et condamnés comme eux à n'apprendre que la mimique. »

Ce classement se fait-il mieux maintenant? Il est permis d'en douter, si je juge du moins par ce qui se passe à l'institution des sourds-muets de Paris.

Voilà qui est clair; cette question du degré d'ouïe du sourd-muet considérée à la fois comme la plus importante et comme la plus difficile à résoudre, est encore en suspens. M. le Dr Bonnafont croit arriver à la solution de ce problème par l'emploi de diapasons; mais il se présentera bien des cas, et ce seront les plus nombreux, où ceux qui n'entendront pas ses diapasons avec application sur le crâne, entendront les sons-bruit par la raison que la vibration de ceux-ci est plus forte, et ainsi, le nombre de sourds-muets possédant l'ouïe sera bien plus grand que ne l'indiquera le diapason de M. Bonnafont.

Je reconnais franchement qu'après bien des essais pour constater le degré d'audition de mes élèves, je suis resté sans résultat certain. Des enfants considérés comme n'entendant rien, m'ont donné, dans bien des circonstances journalières, des preuves du contraire.

Un élève pour lequel j'étais certain qu'il n'avait pas d'ouïe, lorsqu'il est parvenu à parler et à communiquer avec facilité ses idées et ses impressions, m'a appris qu'à son arrivée à l'institution il n'entendait pas, mais que depuis lors il est parvenu à entendre la musique militaire, tous les bruits un peu violents qui se produisent dans la maison ainsi que la voix si l'on crie très-fort; il peut, dit-il, saisir quelquefois des voyelles. Je lui demandai comment il avait obtenu ce degré d'ouïe, il m'a répondu que les exercices d'articulation qu'il faisait chaque jour avec moi avaient éveillé en lui son attention sur ce qu'il comprend aujourd'hui pour être l'entendement; qu'il a dirigé tous ses efforts pour parvenir à entendre, mais qu'il n'entend pas beaucoup.

La conséquence de cette espèce de révélation ne serait-elle pas que l'articulation développe l'ouïe même chez des sujets qui ne pensaient pas la posséder? Toutefois, je me hâte de dire que ce cas n'est pas général.

Sur mes vingt élèves, deux seulement peuvent être classés parmi les sourds-muets dont la surdité est complète, cependant, rien en eux ne me prouve que plus tard ils ne puissent, eux aussi, acquérir un certain degré d'ouïe.

Quoi qu'il en soit, l'articulation de ces deux élèves n'a rien de guttural, elle est sonore et aussi éclatante que celle de mes trois sourds-muets qui seuls entendent le diapason. — Toutes les hésitations des hommes spéciaux qui se sont occupés du classement des sourds-muets d'après leur degré d'audition, et mon expérience dans cette question, m'autorisent à affirmer que bien peu de sourds-muets sont privés totalement de l'ouïe.

Les spécialistes français insistent beaucoup sur le plus ou moins d'ouïe du sourd-muet pour qu'il soit apte à être enseigné par la méthode d'articulation. M. le Dr Bonnafont nous dit à l'égard des sourds-muets qui n'entendent rien, qu'ils sont rebelles à tout traitement chirurgical et qu'ils doivent être livrés immédiatement à l'étude du langage mimique. Bien que cette règle souffre quelques exceptions, elles sont trop rares pour être prises en considération. Ceux qui entendent le diapason appliqué sur le crâne et non à distance, il lui *semble* qu'il serait possible de leur apprendre bien des choses en donnant une valeur convenue au son. En principe, il admet qu'il n'y a que le sourd-muet qui *s'entend parler* qui puisse apprendre à prononcer quelques phrases satisfaisantes.

D'un trait de plume M. le Dr Bonnafont détruit l'affirmation suivante de M. le Dr Colombat (de l'Isère) : « Les sourds-muets bien que ne parlant pas qui émettent des sons-bruit sont susceptibles d'acquérir la faculté d'articuler des mots. Les sourds-muets de naissance, par le fait que leur infirmité est congénitale et qu'ils n'ont jamais entendu, ne doivent pas cependant être bannis de cette catégorie. » Il ne doute pas que par une bonne méthode on ne parvienne à de bons résultats et qu'on ne puisse mettre en pleine lumière une vérité longtemps repoussée et méconnue.

M. le Dr Itard affirme que chez un quart des sourds-muets l'ouïe est entièrement abolie, et s'ils paraissent encore affectés par des bruits violents (les explosions d'artillerie, du tonnerre), ce n'est pas qu'ils les entendent, mais uniquement parce qu'ils en reçoivent l'impression à l'épigastre en raison de l'ébranlement du sol. Aucune instruction ne peut leur donner la faculté *d'entendre* les sons vocaux, *quoiqu'ils puissent recouvrer la parole par l'imitation visuelle de son mécanisme.*

Evidemment, si l'enfant sourd-muet ne parle pas, c'est qu'il ne peut imiter des sons qu'il n'entend pas ou qu'il n'entend pas suffisamment. Un assez grand nombre d'entre eux saisissent les sons-voyelles, les répètent assez nettement, cependant, ils ne parlent pas; la cause en est qu'ils ne perçoivent pas les modifications des voyelles par les consonnes : ainsi, *am, ma* ne seront pour lui que *a; po, pom*, etc., ne seront que *o*. Il en sera de même pour toutes nos voyelles nasales et pour toutes les modifications des autres voyelles avec les consonnes qui ne seront pour eux que *a*, *o*, *ou*, *é*, *i*, *u*. Il résulte de cette imperfection d'audition que le sourd-muet, n'entendant que les sons-bruit, ne parviendra pas à la parole articulée par des moyens naturels. S'il entendait suffisamment, il pourrait de lui-même imiter nos sons et nos articulations; cette faculté lui manquant, il faut nécessairement avoir recours à un enseignement artificiel pour qu'il puisse articuler des phrases. Ainsi, les moyens artificiels à employer pour le sourd-muet qui entend les sons-bruit étant les mêmes que ceux dont on fait usage pour celui qui est considéré comme *aphone*, l'un et l'autre se rencontrent sur un terrain commun : le langage artificiel, conséquence d'un enseignement artificiel. Un lien indissoluble les unit; ne les séparons pas. Pourquoi l'un ne jouirait-il pas du bénéfice de l'autre? Ils sont égaux en face de l'enseignement, puisqu'ils doivent y puiser avec la même mesure.

Toutefois, on pourra objecter que l'enfant qui émet régulièrement des sons parviendra plus vite à l'articulation et parlera plus facilement que celui qui n'émet des sons que fortuitement.

Ce sera le fait de l'individu qui, entendant passablement les sons-*voix*, pourra les émettre d'une manière assez nette, précise et vibrante.

Ce ne sera pas le cas de l'enfant qui n'entend que les sons-*bruit*. L'émission de celui-ci ne sera qu'un rudiment, une ébauche de son, un quelque chose d'indéfinissable, de sourd ou de criard qu'il faudra corriger par des moyens artificiels. Or, quel est le professeur d'articulation qui ignore que la correction d'un mauvais son ou d'une mauvaise articulation est bien plus pénible et plus difficile que la création d'une articulation ou d'un son chez un enfant qui n'offre aucun rudiment de la parole ? S'il y a un avantage pour celui qui émet régulièrement des sons-bruit, ce sera d'avoir un peu plus de sonorité, d'éclat, de vibration dans sa parole articulée ; encore doit-on considérer cet avantage, non d'une manière générale, mais tout à fait individuelle.

Quant à la rapidité de ses progrès, même s'il émettait assez bien les voyelles *a*, *o*, *ou*, *é*, *i*, *u*, ce qui, d'ailleurs, se rencontre rarement, il ne résulterait cependant pour lui de cette émission qu'une supériorité relative, peu sensible sur le sourd-muet aphone. L'exposé rapide de notre système graphique suffira pour vaincre l'incrédulité qu'on pourrait conserver sur mon assertion.

Dans les consonnes simples, on distingue 62 formes et cas divers, savoir :

b,	c,	d,	f,	g,	h,	j,	l,	m,	n,	p,	r,	s,	t,	v,	z,	gn,
bb,	cc,	dd,	ff,	gg,		j',	ll,	mm,	nn,	pp,	rr,	ss,	tt,	w,	zz,	ill,
	ch,	d',	ph,	gu,		g,	l',	m',	n',		r',	s',	th,	f,	s,	
	k,	dh,									rh,	c,	t,		x;	
	q,											c',	d,			
	qu,											ç,				
	qu',											x,				
	x,											t,				
	g,															
	çqu.															

Pour les consonnes complexes, je trouve 106 cas différents : bd, bj, bl, bn, br, bs, bv, bst; cl, cr, ct, cz, *chr, chl;* df, dg, dj, dm, dl, dr, dv; fl, *ffl*, fr, *ffr*, *phl, phr;* gg, gj, gl, gr, gm, gn; lb, lc, ld, lf, lg, lm, ln, ljs, *lph*, lr, ls, lt, lv; mn, mst; pf, pht, pl, *ppl*, pr, *ppr*, ps, pt; rb, rc, rd, rg, rl, rm, rn, rp, rs, rt; sb, sc, sd, sf, sl, sm, sp, sph, sr, st, sv, squ, sgr, scl, scr, spl, spr, str; tr, *ttr*, tm, tl, ts, tz, *thm;*

vb, vbr, vr; x, xc, xcb, xcr, xf, xh, xp, xph, xpl, xr, xt, xtr. Si j'ajoute à ces consonnes les voyelles simples, les composées, les diphthongues, les voyelles nasales, on jugera du travail qu'il lui reste à faire pour apprendre à lire et à écrire notre langue. Si des consonnes je passe aux voyelles et que j'examine leurs changements de forme, d'effet ou de son, que n'aurai-je pas à faire remarquer ? Pour les seuls sons *an* et *in*, je trouve plus de 60 formes ou manières de les écrire. Il est facile de se convaincre, d'après cet aperçu succinct, de quelle valeur seront, pour les sourds-muets de la deuxième catégorie, les quelques sons qu'il *peut*, mais non qu'il *sait* émettre.

Ma conclusion est que : les sourds-muets appartenant aux deux premières catégories, toutes choses égales d'ailleurs, n'ont aucun avantage, en général, les uns sur les autres ; qu'ils doivent être réunis, ne faire qu'une catégorie à laquelle on donnera le même enseignement.

Mais les partisans de la méthode française insistent et combattent la méthode d'articulation en présentant les moyens artificiels dont se sert le professeur pour obtenir des sons articulés des organes de son élève comme étant insupportables, faisant mal aux patients et aux auditeurs. Je m'oppose de la manière la plus formelle à l'idée fausse qu'on a en général, en France, sur les moyens employés dans l'enseignement de la parole articulée.

Qui ne comprend que, si les efforts de l'instituteur et de son élève ont quelque chose de révoltant à voir, la cause en est dans l'inexpérience ou dans l'ignorance de l'enseignement. C'est la voiture qui est le plus mal graissée qui fait le plus de bruit et qui avance le moins. Un maître expérimenté n'exigera jamais de son élève des efforts qui seraient de nature à le fatiguer, à lui faire prendre ses leçons en aversion ; jamais il ne lui demandera plus qu'il ne peut donner; il comprend que c'est en ménageant ses forces, en lui rendant ses leçons agréables qu'il parviendra à une réussite complète ; il sait qu'un élève tourmenté par des exercices trop violents ne peut arriver qu'à une parole saccadée, dure, souvent inintelligible. Il empêchera donc toute tension physique, insupportable pour les patients comme pour les auditeurs. Qu'on ne me dise pas que la difficulté de cet enseignement soit la cause première des efforts surnaturels des élèves. J'affirme de la manière la plus catégorique que la difficulté, cause d'efforts insupportables, n'existe que dans l'inexpérience ou les connaissances insuffisantes de l'instituteur chargé de l'enseignement de l'articulation. Qu'on fasse disparaître l'inexpérience ou l'insuffisance des connaissances du professeur, et à la fois disparaîtront la difficulté et les efforts. — On oublie trop facilement que l'exagération s'éloigne de la vérité. — Le maître est fait pour l'élève et non l'élève pour le maître. Si le maître peut exiger, dans son enseignement, toute l'attention de son élève, celui-ci a le droit d'espérer qu'on mettra à sa disposition les vrais moyens par lesquels il pourra arriver à la parole.

On ne peut cependant se faire illusion au point de ne pas reconnaître que, dans l'une comme dans l'autre méthode, il y a nécessairement quelque chose de forcé, de recherché, d'artificiel, et que les élèves sont dans l'obligation de déployer des efforts contraires à leur nature.

Tout le monde sait qu'il est tout aussi peu naturel au sourd-muet de s'exprimer par le langage articulé ou par l'écriture ; l'une et l'autre de ces formes sont également mortes pour lui : il faut que l'art leur donne de la vie.

Les partisans du langage mimique disent encore : Jamais la méthode d'articulation ne pourra amener le sourd-muet au niveau de l'enfant entendant-parlant. En effet, il est impossible que le sourd-muet manie la parole articulée avec la même facilité que l'enfant qui jouit du privilége de l'ouïe. Toutefois, s'il faut comparer le degré de *sociabilité* qu'il pourra atteindre par l'une ou par l'autre des deux méthodes, il ne pourrait y avoir d'hésitation. L'articulation rend à la parole l'expression immédiate de la pensée ;

elle donne au sourd-muet une conception plus prompte, plus vive, plus vraie des choses ou des objets dont on lui parle, et la possibilité d'écrire correctement son langage.

Voici ce que nous affirme à ce sujet M. Léon Vaisse, professeur à l'institution des sourds-muets de Paris : « Une considération qui à nos yeux milite de la manière la plus puissante en faveur de l'emploi de l'articulation et de la lecture sur les lèvres dans les institutions de sourds-muets, est celle de la connaissance pratique plus grande que donne de la langue maternelle, l'habitude de la parole, même artificielle, ou du moins enseignée artificiellement, de telle sorte que, toutes choses égales d'ailleurs, et quel que soit le degré d'infériorité auquel le sourd s'arrête dans la pratique de la prononciation, s'il ne parle pas sa langue aussi bien que l'individu qui entend, il l'*écrira* mieux que le sourd-muet resté étranger à la connaissance de la parole articulée. »

M. Krüse, sourd-muet, directeur de l'institution des sourds-muets à Leipzig, nous dit : « Et quel est donc le défaut du langage articulé pour qu'on veuille l'exclure de l'enseignement des sourds-muets? Qu'on n'objecte pas que des sourds-muets ne parlent rien moins qu'harmonieusement ou de manière à être compris de tout le monde. Le profit que la parole rapporte est purement spirituel et consiste en ce qu'au moyen de l'articulation le sourd-muet vient en possession du plus grand bien de l'humanité, savoir : la langue. »

Eu égard à ce haut intérêt, ce n'est plus une chose de grande importance que le sourd-muet ne parvienne de sitôt à se rendre parfaitement maître de la parole. D'autre part, il est clair aussi que le sourd-muet, en parlant et en observant, se familiarisera plus tôt avec le monde qu'en écrivant avec de la craie, avec un crayon, etc. D'ailleurs, les sourds-muets que vous faites parler et penser à l'aide des doigts, quel avantage ont-ils sur les sourds-muets parlants? N'est-ce pas déjà un tourment pour les pauvres créatures que de parler et de méditer en dactylologie ? Et vous ne vous effrayez pas à cette pensée ?

On voudrait peut-être examiner d'abord les résultats de la méthode de la langue articulée pour se décider à l'admettre. Mais pourquoi demande-t-on encore des résultats après que les principes de la méthode ont été déjà prouvés et justifiés ? Est-ce qu'on doit s'en prendre à la méthode si cent circonstances défavorables en diminuent le succès, ou si la méthode est pratiquée par des individus qui ne sont pas à sa hauteur ou qui reculent devant les sacrifices qu'elle impose ? — L'abbé Sicard a reconnu lui-même que, pour être parfait, pour arriver à son plus grand développement, l'enseignement des sourds-muets doit embrasser l'articulation quoiqu'il l'ait abandonnée lui-même. — La forme du son n'est-elle pas morte pour le sourd-muet ? La parole articulée est-elle incorporée de la manière la plus intime à la pensée du sourd-muet de naisssance ? Voilà certainement une question qui a de l'importance et qui doit m'arrêter un instant. — La parole a avec la pensée une relation intime qui est à la fois intellectuelle et psychologique. Le fait de la connexion entre l'intellectuel et le psychologique produit le mot. L'individu ne peut s'assimiler, c'est-à-dire saisir, comprendre, s'approprier le mot que par l'ouïe en la transmettant à son âme. Le sourd-muet ne jouissant pas de l'ouïe, le mot, produit intellectuel, n'est pour lui d'après ce principe qu'une forme sans vie, incapable de lui procurer toutes les jouissances, toutes les sensations qu'éprouve l'âme. — Par la substitution du toucher au sens de l'ouïe, on peut initier jusqu'à un certain point, et d'une manière relative, le sourd-muet à la connaissance de la relation de l'âme avec les choses extérieures et l'amener presque au niveau de l'enfant doué de l'ouïe.

Le sourd-muet parlant à haute voix, quoiqu'il n'entende pas parler au dehors, perçoit, sent très-bien les formes articulées qu'il produit lui-même, et l'on peut dire qu'il entend intérieurement, que le mot a quelque signification pour lui, d'où il est facile de conclure qu'il est plus facile au sourd-muet instruit de penser en mots au moyen du langage articulé qu'à l'aide du langage écrit ou manuel. Bien plus, le toucher en lui peut arriver à un tel degré de délicatesse par la pratique que le mot articulé lui représente l'objet nommé. « Pour moi, écrit un sourd-né, feu Charles-Guillaume Teuscher, ancien élève et depuis instituteur à l'institution des sourds-muets de Leipzig, pour moi, je confesse que l'articulation est incorporée on ne peut plus intimement dans ma pensée. Je ne puis penser qu'en me parlant à moi-même, car j'ai l'ouïe intérieure ; rien ne manque à mon sens que la faculté de recevoir du dehors des mots et des sons articulés, à la manière de ceux qui jouissent de l'ouïe.

« Cependant je sens très-bien au dedans de moi les sons que je produis moi-même en parlant ; ils flottent devant moi, même lorsque je pense doucement. Je crois que dans le joyeux *hé*, la joie doit s'exprimer jusqu'à l'enthousiasme, et que le son a quelque chose qui élève la poitrine. Au contraire, en proférant l'*ah*, l'âme se sent déprimée jusqu'au fond. Aux mots : *illustre*, *majestueux*, *levez-vous*, *mon âme, louez le Seigneur*, etc., il me semble que je hausse la voix; tandis qu'aux mots : *Comme l'homme est petit !* il me semble que je baisse la voix, tandis qu'aux mots : *Oh ! quelle joie !* le cœur se dilate et se sent plus enjoué, je crois que la voix est aussi plus claire et plus élevée; au contraire plus sourde aux mots : *Ah ! quelle douleur !* où le cœur se sent affaissé. Le mot *foyer* me sonne plus doux que celui de *lieu natal*. Le mot *patrie* me va mieux que celui de *Saxe* ou de *Prusse*. Au mot de *foyer* l'âme rattache une certaine mélancolie née de la pensée de ce qui est périssable. J'aime mieux dire *père* et *mère* que *parents*. »

Ainsi le sentiment du cœur donne aux mots en quelque sorte une certaine élévation ou profondeur.

Bien que l'acte de parler soit principalement l'effet de l'ouïe, ne doit-il pas encore être considéré comme une forme d'expression correspondant à l'organisme psychologico-physique du sourd-muet ? Sans doute, la parole articulée ne peut provoquer directement l'acte de penser, toutefois, on peut bien affirmer qu'elle lui fraye du moins son chemin.

M. Teuscher dit encore : « Cette manière de parler (l'articulation) est un langage intérieur, et les signes écrits revêtent, aussitôt que l'œil les aperçoit, des formes articulées. — J'avais d'abord soutenu le contraire, mais des observations plus approfondies me firent connaître mon erreur ; je vis que l'habitude de penser en sons articulés m'avait trompé. L'écriture sans l'articulation est morte pour moi. »

Homère dit que la parole articulée est le privilége de l'homme, et il emploie souvent le mot de *articulant* comme synonyme de *homme*. Ne peut-on pas conclure de ces paroles qu'on n'est vràiment homme qu'à la condition de se servir, dans ses relations sociales, de la parole articulée ?

M. Ant. Schwarzer, directeur de l'institution des sourds-muets à Waizen (Hongrie), comparant la valeur de l'écriture et de l'articulation, dit : « L'écriture comme *signe* des *signes* de nos idées, n'agit que *médiatement* sur l'intelligence ; mais les paroles articulées sont les signes *immédiats* de nos pensées. Par l'articulation le mot est fondu en un seul tout tonique, et l'écriture, qui consiste en un grand nombre de signes, simplifie le mot et le rend plus fixe. »

M. le Dr Polano, vice-président de la commission administrative de l'institution de Rotterdam, disait, dans son discours prononcé en 1863 : « On se ferait une amère illusion si l'on s'imaginait pouvoir placer jamais le sourd-muet sur une ligne parfaitement égale avec l'entendant-parlant.

Ce malheureux, quelques efforts que l'on fasse pour l'instruire, ne pourra jamais trouver dans la nature qu'une marâtre. Il est dépourvu, hélas ! du principal moyen des relations sociales : l'ouïe. C'est ce qu'on expérimente même à l'égard de la meilleure des méthodes connues : — l'allemande... « Le but qu'on doit tâcher d'atteindre dans l'éducation du sourd-muet, consiste à rendre aussi petite que possible la somme des désavantages qu'il rencontre dans la vie sociale et à le rapprocher autant que l'on peut de son frère entendant-parlant... Si ce résultat a été obtenu quelque part, c'est bien ici (à Rotterdam) par l'exclusion de la dactylologie, par l'abandon de toute espèce de signes conventionnels, par l'intervention de la parole articulée comme seul moyen d'enseignement et de communication avec le monde extérieur... Pour vous en convaincre, je vous conduirai pendant la nuit, au chevet du lit de nos élèves, pour vous faire entendre comment ils reproduisent en sons articulés ce qui se passe dans leur âme ensevelie dans le sommeil. J'appellerai le médecin qui nous attestera que le sourd-muet tant soit peu avancé exprime sans peine les diverses sensations que lui fait éprouver la maladie, ou bien, je prierai le professeur de religion de vous déclarer avec quelle facilité il fait comprendre par la parole, aussitôt qu'il est au courant de ce qu'il y a de spécial dans la méthode d'enseignement, les idées les plus abstraites à l'élève et fait vibrer les fibres les plus délicates de son âme. »

Les succès qu'on a obtenus et qu'on obtient de nos jours, la persistance qu'on met en Allemagne, en Suisse, en Autriche, en Danemark, en Italie, en Espagne et en Hollande, à suivre et à défendre cette méthode contre les attaques et les objections de l'école française, sont une réponse affirmative et décisive en faveur de l'articulation artificielle comme étant un moyen précieux d'enseignement, qu'on ne doit pas négliger et dont on peut tirer les plus beaux résultats possibles dans l'instruction des sourds-muets.

Qu'il me soit permis de citer encore un passage du rapport présenté par M. Dufau au jury international de l'exposition universelle de 1862, sur l'enseignement des sourds-muets par la méthode d'articulation : « Le sourd-muet n'arrivera jamais, ainsi, à s'énoncer avec la justesse et la netteté de celui qui s'entend parler, cela est vrai ; mais parmi les entendants on ne condamne pas à renoncer à la parole un individu destiné à toujours mal parler, à avoir des intonations désagréables, à bégayer, à bredouiller. Un étranger est bien souvent dans une situation analogue à celle du sourd-muet, quand il parle une langue qui n'est pas la sienne, et pourtant, il ne renonce pas à cette précieuse faculté, bien qu'il en use d'une manière assez désagréable pour les régnicoles avec lesquels il se met en communication. »

Une question non moins importante, et qui se rattache intimement à l'articulation, est celle de l'hygiène. Le défaut d'exercice des poumons, résultat du mutisme, est souvent nuisible à la santé.

Voici de quelle manière M. le Dr Colombat

s'exprime sur ce sujet dans son cours d'articulation : « Pour apprécier tout le bénéfice que l'homme, alors même qu'il est privé de la faculté d'entendre, peut tirer de l'usage de la parole pour le maintien de sa santé, il suffit de jeter un coup d'œil sur les organes que l'articulation met en jeu. L'influence de la parole s'étend à tous les organes qui participent à sa production, à la bouche, au larynx, à la trachée-artère, aux bronches et surtout aux poumons. Si l'on réfléchit sur l'importance des fonctions qu'exercent les poumons, qu'on peut nommer à juste titre les mobiles de la vie, les foyers de la chaleur, on est frappé des avantages immenses que la parole procure à toute l'économie du corps. La voix et la parole multiplient les mouvements respiratoires des poumons et augmentent par conséquent les efforts expiratoires nécessaires à l'expulsion du fluide qui, par ses vibrations à travers les cordes vocales, doit produire la voix. Il résulte de ce surcroît d'activité dans les actes respiratoires qu'une plus grande quantité d'air se précipite dans les poumons qui épanouissent, pour ainsi dire, toutes les vacuoles qui les composent, que cet air, en contact avec une surface absorbante plus étendue, se prête mieux à la décomposition et que, dès lors, le sang qui vient se vivifier dans les poumons en se combinant avec l'oxygène, entraîne avec lui une plus forte proportion de ce gaz qui est l'excitant principal de la force vitale. Ce n'est pas tout; la respiration large et profonde, les mouvements pulmonaires plus fréquents pressent ce sang qui s'est déjà chargé en abondance du principe de la force et le répandent dans toutes les parties du corps. Ne sait-on pas en outre que l'exercice de la parole et du chant favorise l'élaboration des matières alimentaires? » — M. Reich nous apprend : « qu'il est de la plus grande nécessité d'initier le plus tôt possible les sourds-muets à l'articulation. L'expérience a appris que plus les sourds-muets avancent en âge, plus les organes principaux de la voix fonctionnent difficilement, de manière que pour former l'élève à l'articulation lorsqu'il est d'un âge avancé, il faut non-seulement plus de temps, mais aussi de plus grands efforts. L'expérience constate, en outre, qu'il en coûte infiniment au sourd-muet d'énoncer dans ces conditions plusieurs mots sans interruption et, comme on dit, tout d'une haleine. L'inaction des poumons empêchant leur développement, le sourd-muet est dans l'obligation de prendre souvent haleine, ce qui produit des interruptions dans son énonciation.

« Si l'exercice de l'articulation ne commence qu'à douze ans, surtout après cet âge, les efforts alors requis pour cet exercice donneront lieu de craindre la perte de la santé par défaut d'habitude dans cette articulation.

« Si nous initions les sourds-muets à la parole articulée dès l'âge de six à sept ans, et si nous combinons cet exercice avec celui de la lecture à haute voix souvent répétée, leurs poumons se développeront; leur poitrine se fortifiera et s'élargira. Plus on s'attachera à cet exercice, et plus tôt on le commencera, mieux on cultivera la mémoire de l'élève par les mots qu'on lui apprendra, plus tôt aussi on pourra se passer du langage des signes, plus enfin la prononciation de l'enfant deviendra claire et agréable. Plus l'isolement du sourd-muet sera long, plus son intelligence s'engourdira et se faussera. Il est donc essentiel qu'il entre le plus vite possible dans une institution. » — L'admission tardive des sourds-muets dans les institutions françaises, à l'âge de douze ans, ne serait-elle pas la cause première et la plus difficile à surmonter pour obtenir une bonne prononciation dans l'articulation de leurs élèves? L'enseignement de l'articulation mal défini et compliqué d'une condition défavorable, presque insurmontable, pouvait-il aboutir à des résultats satisfaisants dans l'énonciation de la parole articulée? Par suite, est-on dans les conditions normales pour apprécier cette méthode? Je ne le crois pas.

M, le Dr Polano prétend qu'un très-grand

nombre d'enfants sourds-muets, élevés dans les institutions où l'on ne fait usage dans l'enseignement que des signes et de la dactylologie, meurent de phthisie laryngée ou pulmonaire.

Tout le monde, dit M. le Dr Colombat, sait que le manque complet d'exercice est aussi fatal à un sens, à un organe, à un membre, que l'abus. Cette constatation est également vraie, qu'il s'agisse de l'appareil de la locomotion, de l'appareil digestif ou de l'appareil vocal. Or le sourd-muet qui ne parle pas, condamne à un repos forcé l'appareil vocal; les poumons qui sont une partie essentielle de cet appareil, ne remplissant pas leur jeu naturel tombent graduellement dans un état pathologique qui prédispose le sourd-muet à la phthisie pulmonaire. Cette prédisposition est due aux rapports sympathiques des organes vocaux avec tout le système nerveux et presque toutes les fonctions de l'économie animale.

Ces remarques purement hygiéniques ne sont

elles pas en faveur de la méthode d'articulation?

Cependant, si d'un côté on ne doit pas négliger l'articulation au point de faire naître chez les sourds-muets le danger signalé par M. le Dr Polano, de l'autre on doit renoncer à cet enseignement chaque fois qu'un motif de santé l'exige. L'articulation, en général favorable à la santé de ces infortunés, peut parfois leur être nuisible. C'est une question d'expérience pour le professeur et de plus un motif pour ne pas abandonner l'éducation de ces enfants au hasard et à l'esprit de système.

LECTURE SUR LES LÈVRES.

Dans le langage, dans la communication des individus entre eux, deux rôles sont à remplir: celui dans lequel on fait percevoir à autrui ce qu'on exprime soi-même, et celui dans lequel on perçoit ce qu'exprime autrui. J'ai examiné le premier de ces deux rôles dans lequel celui qui en fait l'apprentissage est naturellement introduit par le second, d'où il résulte qu'il ne peut faire usage de la parole articulée qu'à la condition de la percevoir, soit par l'ouïe, soit par la vue.

Le sourd-muet de naissance n'est muet que parce qu'il ne peut pas imiter des sons que son oreille ne perçoit pas. L'enfant ordinaire n'apprend à parler qu'en reproduisant, par imitation, les sons qu'il entend proférer autour de lui. L'ouïe joue donc le principal rôle chez l'enfant entendant dans son apprentissage de la parole articulée, en lui servant de direction dans l'imitation des sons.

Si nous apprenons au sourd-muet à observer et à imiter le mécanisme de la parole ainsi que les mouvements qu'elle provoque dans l'organe vocal, il produira la parole. Ainsi, dans cet apprentissage, l'enfant ordinaire et le sourd-muet se rencontrent en un même point : *l'imitation*, avec cette différence que l'un imite par *l'ouïe* et l'autre par la *vue*. Mais, de même que le premier n'imite parfaitement un son que s'il le perçoit parfaitement, le second ne l'imite parfaitement que s'il le lit parfaitement. Or, *imiter* et *lire* sont synonymes pour le sourd-muet; s'il parle bien, c'est qu'il lit bien, car il ne peut pas bien parler s'il ne sait pas bien imiter.

Ce principe bien compris, on reconnaîtra facilement que bien des objections qui ont été faites à la lecture des sourds-muets sur les lèvres de leurs interlocuteurs ne sont que spécieuses et ne peuvent être fondées. Elles ne sauraient avoir pour base que les circonstances défavorables dans lesquelles l'enseignement de l'articulation a été pratiqué. Par exemple, la division de cet enseignement en deux parties distinctes; celle de l'articulation proprement dite et celle de la lecture sur les lèvres, au lieu de le considérer dans son unité parfaite, consistant dans l'articulation enseignée simultanément avec la lecture sur les lèvres. Ou bien, les élèves sont enseignés par un seul professeur et ne communiquent qu'avec lui ; ils n'ont que peu ou pas de leçons de conversation, l'écriture dominant les exercices oraux. L'articulation étant considérée comme un accessoire de leur instruction, on ne donne pas tous les soins désirables à cette branche d'enseignement, etc.

Pour que la lecture sur les lèvres produise des fruits, l'organe de la vue, unique observateur de l'émission des sons, doit être tout autant exercé que l'ouïe de l'enfant ordinaire ; il importe que la parole soit la seule forme admise dans toutes les relations des sourds-muets qui peuvent en faire usage, et qu'ils soient journellement en contact avec le plus grand nombre possible d'entendants-parlants.

Nous qui jouissons de l'ouïe, nous saisissons la parole sans la moindre attention des conditions nécessaires à sa production. Nous parlons notre langue par habitude ; nous l'entendons de même. Mais, qu'une personne étrangère nous adresse la parole dans une langue qui nous soit inconnue, et, quoique nous l'écoutions avec beaucoup d'attention, il nous sera impossible de répéter, dans son entier, une seule phrase. Le peu que nous en répéterons, nous le dirons mal ; il se pourra même que nous ne soyons pas compris. La cause de notre incapacité à répéter une langue qui nous est inconnue est dans notre manque d'*habitude* à l'entendre parler.

Pouvons-nous être plus exigeants pour le sourd-muet que pour nous-mêmes ? Notre langue en parole n'est-elle pas une langue étrangère pour lui jusqu'au moment où il la possède dans son entier par une grande habitude à la parler et à la *voir* parler ? Est-il donc bien difficile de comprendre que le sourd-muet, qui, par la lecture sur les lèvres, doit traduire les paroles qu'il n'entend point prononcer, est dans la nécessité d'acquérir cette faculté par une traduction journalière du langage de personnes différentes ? Est-il nécessaire d'affirmer qu'il est impossible à un sourd-muet d'obtenir et de développer suffisamment cette faculté en n'ayant qu'une heure de leçon par jour, si, en dehors de sa leçon, il est dans l'isolement quant à ses relations par la parole articulée? s'il n'a dans tout le cours de son instruction que le même professeur, ainsi que cela a lieu à l'institution nationale de Paris?

M. Bonnafont nous dit que, dans sa visite à l'institution israélite des sourds-muets de Vienne, il pria M. Furstemberg, son honorable collègue, d'adresser quelques questions aux élèves en accentuant bien ses paroles. Il arriva, dit-il, ce qu'il prévoyait, que même l'élève le plus instruit resta court et ne comprit pas. — La même question fut renouvelée deux ou trois fois sans succès. Le directeur, ayant pris la place de M. Furstemberg et faisant les mêmes questions fut vite compris et obtint immédiatement une réponse.

D'un fait isolé, quelle déduction peut-on tirer contre une méthode quelle qu'elle soit?

Ne savons-nous pas que l'académicien berlinois, M. Nicolaï, dans sa visite à l'institution des sourds-muets à Vienne, fondée par l'abbé

Storch, élève de l'abbé de l'Epée, ayant fait un signe, un seul, devant un sourd-muet, que celui-ci traduisit d'une manière matérielle et inexacte par l'écriture, condamna, d'après cette traduction, la méthode française et la représenta comme nulle pour le développement intellectuel du sourd-muet; la considérant comme composée de signes arbitraires tenant lieu de mots, et ne reconnaissant dans les mots écrits qu'un exercice machinal de la mémoire, fait pour éblouir la foule par une espèce de représentation théâtrale ?

Toutefois, si la méthode d'articulation est inattaquable dans son essence, il n'en est pas de même des moyens employés dans son enseignement, moyens qui devraient toujours être en rapport avec les résultats qu'on se propose d'obtenir; ainsi, dans bien des institutions, les directeurs questionnent eux-mêmes leurs élèves en présence de leurs visiteurs. Il résulte de cette habitude que, si l'un de ces derniers s'avise d'adresser la parole aux sourds-muets, ils en sont tout interdits, ils se troublent et ne peuvent ou ne savent répondre. C'est encore le manque d'habitude de lire sur des lèvres étrangères et le peu de communications avec des parlants qui produisent ces regrettables effets. La timidité empêchera aussi un enfant sourd-muet de répondre; ce cas se présente même pour bien des enfants entendants-parlants. Les instituteurs des sourds-muets sont peut-être trop enclins à faire valoir par eux-mêmes la méthode d'articulation en la présentant dans les résultats qu'ils ont obtenus; ils craignent que des personnes étrangères à leur enseignement ne sachent pas faire ressortir tous les avantages qu'il a sur la méthode française; ils s'imaginent qu'en présentant leurs résultats sous le jour le plus favorable, ils en feront plus facilement apprécier l'excellence. S'ils peuvent se faire une telle illusion, la réalité se présentera à leurs yeux d'autant plus amère. M. le Dr Colombat s'est chargé de les instruire à ce sujet, et je l'en remercie : « Qui peut affirmer, dit-il, que les sourds-muets auront la même facilité pour lire sur des lèvres autres que celles de leurs professeurs ? Où seront le contrôle et la certitude de l'habileté qu'on prétend développer en eux ? Les exemples sont là, dit-on, qui prouvent cette habileté chez un certain nombre de sourds-muets ; on les a mis en présence de leurs professeurs, le professeur a parlé, et aussitôt les élèves ont reproduit les paroles du maître, paroles qu'ils avaient lues, pensait-on, sur les lèvres. »

« Est-il nécessaire de discuter la vanité d'une pareille démonstration ? N'y a-t-il pas grande apparence que le plus souvent les questions posées aux élèves se reproduisent toujours dans le même ordre, sont, en quelque sorte, connues à l'avance, et que, pour les reproduire et pour y répondre, l'élève a besoin de faire appel, non à son habileté dans la lecture sur les lèvres, mais simplement à sa mémoire de quelques jeux physiognomoniques ? C'est, en effet, là, d'autres le savent bien, ce qui s'est produit maintes fois, et c'est ainsi que peut-être on a pu surprendre la religion d'hommes considérables cherchant à se rendre compte officiellement de l'enseignement. On prétendait avoir formé des élèves à la lecture sur les lèvres, parce qu'on leur avait donné une mimique de convention des lèvres remplaçant celle des gestes, et parce qu'à l'aide de cette mimique l'élève lisait de petites phrases connues, *phrases qu'il ne pouvait lire* que sur les lèvres de son maître. »

Le côté pratique de l'articulation ne serait-il pas un peu négligé? Lorsque l'élève est parvenu à lire d'une manière satisfaisante sur les lèvres de son professeur, est-il mis suffisamment aux prises avec les difficultés qu'il rencontrera à sa sortie de l'institution? Il est incontestable que l'enseignement de l'articulation doit s'exercer sur des paroles prononcées par des personnes étrangères, aux élèves, se renouvelant et se succédant fréquemment pour qu'ils puissent se familiariser avec les diverses articulations de la langue nationale.

Qu'on ne me donne pas les relations des

sourds-muets entre eux, par la parole articulée, comme suffisantes au développement de la lecture sur les lèvres. Leur parole étant artificielle et produite par des mouvements pour ainsi dire mécaniques, elle s'éloigne, tout en lui ressemblant, de l'articulation naturelle. Tandis qu'en eux, les conditions nécessaires à la production de la parole sont identiques, elles renferment une grande variété de mouvements dans le jeu des organes vocaux chez les personnes naturellement douées de toutes leurs facultés. Familiarisés aux mouvements méthodiques de leurs organes vocaux, les sourds-muets les lisent parfaitement. Qu'une personne qui parle par habitude sans avoir appris à décomposer les sons et à observer les conditions nécessaires à sa production naturelle, leur adresse la parole, leur fasse des questions, immédiatement les difficultés qui n'avaient pas été prévues et qu'ils ne pourront pas vaincre, les étonnent, les intimident à un tel point qu'on pourrait les croire dépourvus d'intelligence.

On ne peut obtenir de bons résultats dans l'enseignement de l'articulation qu'en suivant la marche pédagogique qui consiste à mettre les élèves aux prises avec les expériences dont ils ont été témoins dans leurs leçons. Ces expériences ou plutôt ces applications devant se faire dans le parcours de leur vie bien plus avec le monde extérieur qu'avec le monde intérieur de l'institution, c'est avec le premier surtout qu'ils doivent communiquer.

En profitant de toutes les occasions qui se présentent dans les institutions des sourds-muets pour mettre leurs élèves en relations avec des personnes qui leur sont étrangères, on leur procurera les moyens nécessaires pour contracter une habitude sérieuse et indispensable de la lecture générale sur les lèvres. Ce n'est qu'en négligeant les précautions qu'on a donné prise à la critique qui a été dirigée contre cette méthode.

Quoi qu'il en soit, cette méthode ne peut être responsable des mauvais résultats obtenus, car ils sont les fruits de la négligence des uns, de l'ignorance des autres et en tout cas des mauvaises conditions dans lesquelles elle a été enseignée.

Un fait reste acquis : c'est que l'enfant sourd-muet instruit par la méthode d'articulation comprend plus sûrement l'interlocuteur qui lui adresse vivement des paroles articulées; elles frappent son regard et, s'alliant intimement à l'expression de la figure, elles donnent aux mots articulés une signification qui manque totalement aux mots écrits.

Quoique le sourd-muet lise suffisamment bien sur les lèvres, et qu'il connaisse assez sa langue pour répondre aux questions qui lui sont adressées, souvent une timidité ou un amour-propre mal placé l'arrête; il craint de se tromper, ou d'avoir mal lu (compris), et il ne répond pas.

Par des exercices pratiques, de la lecture sur les lèvres, souvent répétés, par des conversations orales avec le plus grand nombre possible de personnes différentes, par le passage fréquent des instituteurs d'une classe dans une autre, par les relations journalières des élèves avec le personnel entendant-parlant de l'institution, on fera disparaître cette timidité, cet amour-propre, produits de l'insuffisance d'exercices pratiques, et en même temps le sourd-muet acquerra une grande habitude de la lecture générale sur les lèvres, habitude qui lui donnera du courage et de la confiance dans l'énonciation de ses pensées par la parole articulée, et qui le fortifiera dans la pratique de sa langue. Si les difficultés sont grandes, elles peuvent être bien amoindries par les soins d'instituteurs possédant bien leur enseignement et surtout par l'attention que l'élève apporte aux indications, à la direction que lui donne son maître.

Mais, demandera-t-on, si l'œil est frappé facilement des formes diverses que prennent les lèvres dans leur contour mobile extérieur de la bouche, peut-il voir aussi facilement les positions, les mouvements qu'exécute la langue, principal organe de l'articulation et de l'émission des sons? Saisira-t-il le contact qui s'établit entre les dents et les lèvres pour produire certains sons? Le domaine de la vue n'a-t-il pas sa limite? l'appréciation des formes ne cesse-t-elle pas dans bien des cas de frapper l'œil du sourd-muet? L'analogie entre plusieurs de nos lettres et la ressemblance extérieure de l'organe vocal dans leur émission ne créent-elles pas de grandes difficultés aux sourds-muets pour la lecture sur les lèvres?

Eh bien, non, toutes ces difficultés qui nous paraissent comme des montagnes infranchissables quand nous les considérons dans leur ensemble, ne sont pas impossibles à surmonter aux sourds-muets. Bien plus, ils ne s'aperçoivent pas de l'existence de ces difficultés si elles leur sont présentées chacune en son temps, par des procédés en rapport avec leur nature.

Si, pour le sourd-muet, un mot articulé iso-

.ément présente quelque difficulté et peut lui causer quelque confusion, cette confusion disparaîtra lorsque le mot fera partie d'une phrase complète. Au reste, les entendants-parlants, lorsqu'ils s'entretiennent à voix basse, ont les mêmes difficultés, car dans cette sorte de conversation les lèvres de la glotte ne vibrant pas, il n'existe plus de distinction sensible, dans la parole, entre certaines voyelles et certaines consonnes. C'est ainsi qu'on confond le *p* avec le *b*, le *t* avec le *d*, comme aussi le *f* et *v*, *s* et *z*, *k* et *g*, *ch* et *z*; les voyelles nasales se confondent avec les voyelles simples; cependant cette confusion n'empêche pas de comprendre la parole ainsi proférée et l'ensemble de la phrase permet de deviner, grâce à une grande habitude de communication, ce qu'on n'a pas distingué.

Ces difficultés existent parmi les entendants, dans la parole articulée par des personnes étrangères à notre langue. Les Allemands parlant français confondent le *p* avec le *b*, le *t* avec le *d*, le *j* est articulé *ch*, le *u* est émis en *ou*, etc. Les Anglais ont aussi bien des difficultés à parler notre langue et pourtant nous les comprenons; nous rétablissons bien vite leur mauvaise articulation dans sa valeur intrinsèque. Nous éprouverions aussi quelque difficulté à comprendre un mot isolé, mal prononcé; qu'il se trouve dans le corps d'une phrase et nous le saisissons facilement. Dans ce rapprochement du sourd-muet avec l'entendant-parlant à voix basse et l'étranger à notre langue, il n'y a rien d'exagéré, on peut s'en convaincre soi-même.

La différence entre l'articulation et son orthographe a fait supposer une grande difficulté pour le sourd-muet dans l'écriture de notre langue : c'est là, pense-t-on, une source de regrettables confusions. En effet, bien des mots sont loin de s'écrire comme on les prononce; toutefois, cette difficulté ne peut être considérée comme telle qu'à la condition de ne s'occuper dans l'articulation, que du son qui se trouve dans les mots, en négligeant les signes (lettres) qui les représentent. Si l'enfant entendant tombe dans le piége que lui tend la prononciation en s'éloignant de l'orthographe, c'est parce que, pour lui, le mot n'existe que dans la forme *parlée*, il ne le connaît que dans ce type, tandis que, pour le sourd-muet, le mot primordial est le mot écrit dont la transcription ultérieure en prononciation figurée n'efface pas l'image primitive, régulière, qu'il a dans sa mémoire. Ainsi, cette difficulté disparaît comme d'elle-même et ne présente pas pour l'orthographe les dangers qu'on redoute. Pour qu'il y eût du danger, il faudrait admettre que l'enseignement de l'articulation aux sourds-muets, ne s'occupant que des sons appréciables pour les entendants, néglige dans les mots, les lettres qui, au point de vue de l'orthophonie, ne sont qu'un remplissage; en un mot, que l'articulation ne connût et n'enseignât que les *sons-valeur*. Telle n'est pas la méthode que l'on suit dans l'enseignement de l'articulation où l'écriture marche de pair avec la parole articulée en la suivant immédiatement.

Je termine ici mes observations relativement à la lecture sur les lèvres sans insister davantage, et je vais m'occuper de la partie technique de l'enseignement spécial des sourds-muets avant d'en entreprendre la partie pratique.

ENSEIGNEMENT SPÉCIAL DES SOURDS-MUETS.

Deux méthodes sont pratiquées dans l'enseignement des sourds-muets. L'une, ayant pour fondateur l'abbé de l'Epée, a été nommée méthode française; l'autre se nomme méthode allemande parce qu'elle fut fondée en Allemagne par Samuel Heinicke.

Un profond désaccord divisa l'abbé de l'Epée et Heinicke dès le commencement de leur enseignement. Leurs discussions, leurs querelles eurent pour motif le rôle qui devait être attribué à l'articulation dans l'enseignement des sourds-muets. La divergence entre leurs méthodes respectives était radicale. De nos jours, si l'on s'en rapportait à certains écrits sur l'enseignement des sourds-muets, on pourrait croire que la différence entre les deux méthodes n'est qu'apparente, que ce ne sont que les excès de part et d'autre que l'on critique, et qu'on est généralement d'accord quant aux procédés pédagogiques; mais, quoique de tout temps on ait reconnu l'excellence de l'articulation et qu'on l'ait considérée comme le meilleur moyen de rendre le sourd-muet à la société, aujourd'hui comme du temps de l'abbé de l'Epée et Sicard, ce moyen est délaissé et n'est pas même mis d'une manière rationnelle à la portée des élèves qui pourraient en profiter. Quoiqu'on dise que l'on donne aux élèves des institutions françaises des exercices de la parole articulée en rapport avec l'importance des résultats pratiques qui peuvent être obtenus, je n'en persiste pas moins à croire que la langue articulée n'occupe pas la place qui lui appartient dans l'enseignement des instituteurs français auprès des sourds-muets.

Personne n'ignore que, tout en étant reconnue utile et nécessaire, l'articulation n'a, dans les institutions où prévaut la méthode française, qu'un rôle purement accessoire et n'est guère considérée que comme complément facultatif de l'instruction du sourd-muet.

Un accessoire, un complément de quoi? De l'écriture !... soit, si jamais la parole articulée peut être un accessoire de l'écriture. Il y a dans ce principe pédagogique une monstruosité qui doit porter ses fruits.

Cependant, le langage articulé par son influence salutaire sur l'être intellectuel, par les moyens de sociabilité, de communication, bien plus étendus que ceux de l'écriture, qu'il met à la disposition du sourd-muet avec les entendants-parlants, s'est attiré l'attention d'un grand nombre de personnes, et, peu à peu, a gagné leur confiance et leur considération. Malheureusement, l'agitation produite sur son enseignement et sur sa valeur par plusieurs professeurs français ignorant jusqu'à l'essence même de la méthode d'articulation, a porté le trouble dans le cœur d'hommes disposés en sa faveur et prêts à l'admettre dans l'enseignement du sourd-muet. Sur de fausses indications, une exposition de méthode manquant de précision et de clarté, des essais ont été tentés, et les résultats obtenus ayant été incomplets et déplorables, on s'est rebuté, on a renoncé à l'enseignement de l'articulation. Par l'alliage de moyens anormaux pouvait-on aboutir à autre chose qu'à une œuvre tronquée? A qui la faute? A ceux qui, enveloppant de secrets, de mystères et même de charlatanisme la méthode d'articulation, ou manquant eux-mêmes d'une bonne direction, d'idées nettes et précises dans leur enseignement ont induit en erreur ou jeté dans l'incertitude les instituteurs français franchement disposés à introduire l'articulation dans leur enseignement.

L'abbé de l'Epée considérant que le premier

développement intellectuel chez les enfants s'opère par les signes joints aux mots, et que le langage des gestes est pour eux comme la réalité des idées, en déduisit que, le développement intellectuel des sourds-muets provenant de cette réalité, leur enseignement devait être nécessairement basé sur la forme naturelle et réelle par laquelle ils conçoivent et émettent leurs idées.

Heinicke disait : « Nous ne pensons pas en paroles écrites, mais en paroles sonnantes. L'écriture n'est que la représentation de l'articulation. On ne peut pas penser en mots écrits sans les prononcer en même temps, lorsqu'on n'a pas ces mots écrits sous ses yeux. L'écriture ne peut donc pas développer les idées du sourd-muet de naissance ; elle ne peut devenir la forme de sa pensée, forme qui ne se trouve que dans la parole articulée.

Ainsi, tandis que l'abbé de l'Epée n'admettait l'articulation que comme un auxiliaire, un complément de l'instruction du sourd-muet et ne lui accordait qu'à cette condition une place dans son enseignement, Heinicke en faisait la base du sien et affirmait que l'intelligence ne peut vivre et se développer qu'à l'aide de la parole articulée, instrument naturel de la pensée de l'homme avec lequel il entrait en communication avec ses élèves à l'exclusion de tout autre signe.

Il résulte de là que les *mots* n'étaient appris au sourd-muet, par l'abbé de l'Epée, qu'au moyen des signes. Les mots écrits représentaient les *signes* de son élève ; ils étaient pour lui les *signes* des signes de ses idées. Heinicke initiait directement le sourd-muet au mot, par la parole articulée, il lui apprenait ensuite à le fixer par l'écriture, moyen précieux d'instruction, car la parole est fugitive.

Voici les principes de la méthode française : Le langage des gestes doit être le fondement unique de l'enseignement de la langue nationale ; seuls ils ouvrent au sourd-muet la porte de la langue parlée, ils sont la forme unique dans laquelle les sourds-muets peuvent penser aussi bien que les entendants-parlants en mots. Le sourd-muet ne peut, sans le langage des gestes, parvenir à penser, à parler et à écrire. L'homme peut apprendre à penser sans l'aide des mots.

Les principes de la méthode allemande sont : Le lien unique qui associe le mot à la pensée, c'est le langage articulé inséparable conséquemment de l'étude du langage des mots comme tels. La forme du son n'est point nulle en réalité pour le sourd-muet. L'intelligence ne vit et ne se développe qu'à l'aide de la parole articulée. Le langage des gestes n'est pas un trait d'union entre les idées et les mots. Si le sourd-muet est capable de penser dans la forme de l'écriture, il lui est plus facile de penser dans celle du langage articulé. Si le sourd-muet doit penser en mots, l'acte qui lie les conceptions aux mots parlés doit s'opérer sans l'intervention des signes.

Les actions, les images et leurs formes ont

pour but d'indiquer à l'élève la signification des mots. Pour que le sourd-muet puisse écrire ses pensées, il faut qu'il sache parler; l'écriture n'étant que l'empreinte de la parole, elle ne peut être que sous ce rapport le représentant et le porteur de la chose pensée. Apprendre aux sourds-muets à écrire et à lire sans l'aide de l'articulation c'est procéder contrairement à la nature.

La divergence entre les principes de ces deux deux méthodes est radicale; l'école allemande nie de la manière la plus formelle qu'il soit nécessaire d'avoir recours aux signes pour instruire le sourd-muet. Son instruction doit lui être donnée exclusivement par le moyen de l'articulation. L'école française prétend de son côté que depuis longtemps tout le monde connaît la valeur et la portée de cette articulation vantée comme une panacée universelle et qu'il faudrait être fou, si ce n'est charlatan, pour s'opiniâtrer à lui assigner le premier rôle dans l'éducation des sourds-muets. Chaque jour lui apporte, dit-elle, de nouveaux faits de nature à corroborer cette assertion que l'enseignement de la langue ne peut s'accomplir chez le sourd-muet avec un succès certain qu'au moyen de la mimique qui supplée en lui à la privation de l'un des sens les plus essentiels de l'homme.

Il ne me convient pas d'entrer dans la polémique qui s'est livrée sur ce sujet ni de rappeler plus au long ce qui l'a motivée : toutefois, il m'a paru nécessaire de résumer les principes sur lesquels s'appuient les partisans des deux écoles; si je les fais précéder et suivre de quelques réflexions, c'est afin d'être compris dans l'exposé des moyens employés dans mon enseignement et d'indiquer les considérations découlant de leur emploi.

Quel était le but que l'abbé de l'Epée et Heinicke se proposaient d'atteindre auprès des sourds-muets? Evidemment c'était de diminuer, dans les mesures du possible, les déceptions amères que ces infortunés rencontraient à chaque pas dans la vie sociale. A cet effet il fallait trouver des moyens propres à leur communiquer le langage des entendants-parlants. Mais comment initier le sourd-muet aux formes d'une pensée dont il ne revêt pas ses représentations intellectuelles? Peut-il acquérir la faculté de penser en signes perceptibles à l'ouïe, la nature n'ayant mis à sa disposition que le moyen d'exprimer ses pensées en signes visibles, par les gestes ?

A ces questions les deux grands maîtres des sourds-muets répondent affirmativement et sont unanimes pour reconnaître que le sourd-muet ne peut acquérir et s'approprier les connaissances nécessaires à son éducation ainsi que les différentes espèces de représentations, d'idées et de notions qui en découlent que par la forme du langage des mots. Dans ce principe les deux écoles sont dans un parfait accord; mais la division ne tarde pas à s'introduire entre elles. Leur désaccord se manifeste sur les moyens à employer pour que le sourd-muet parvienne au mot.

L'abbé de l'Epée dit : Le sourd-muet qui pense et qui exprime ses idées en signes ne peut-il pas les représenter en signes quelconques? En ayant à sa disposition des formes qui lui sont propres pour énoncer ses notions, ne peut-il pas, au moyen de ces formes, en apprécier d'autres qui expriment également ses pensées quoique d'une manière différente? Ses signes naturels ont une valeur pour lui. En les rapprochant des mots dont ils auraient la signification, ne pourrait-on pas faire de ces derniers les signes de ses conceptions? Ne pourraient-ils pas lui apparaître comme les représentants de ses signes et être adoptés par lui comme des signes destinés à exprimer ses pensées? Echanger le *mot écrit* contre le signe naturel du sourd-muet, tel est le moyen qu'indique l'abbé de l'Epée pour que le sourd-muet puisse apprendre à parler (écrire et lire).

Aux questions de l'abbé de l'Epée, qu'il nous est permis de considérer comme tout autant d'affirmations, Heinicke répond : « Non ! il est impossible de lier directement la pensée aux mots écrits. Si le sourd-muet peut, dans une certaine mesure, par l'exercice, imprimer les mots écrits dans sa mémoire, il n'acquerra pas par ce moyen la *spontanéité dans la pensée et dans la langue.* L'enchaînement et la clarté d'une langue qu'il aura apprise de cette manière doit se perdre et ne laisser que des traces confuses et incertaines dans son esprit, tandis que l'articulation laissera en lui des traces d'autant plus profondes et durables qu'elle accompagnera toujours sa pensée, soit qu'il lise ou qu'il écrive. Le sourd-muet possède la faculté de fixer ses idées et ses notions par les signes de notre langue, quoiqu'il n'ait pas conscience du son sur lequel est principalement fondé le signe du mot. Si de bonne heure on lui apprend à réunir les signes sonnants à leurs représentations, en procédant avec méthode, on frayera le chemin pour qu'il pense en mots. »

Les moyens préconisés par les deux instituteurs, l'exposition qu'ils nous en donnent, et l'application qu'ils en font, sont-ils réellement suffisants pour introduire le sourd-muet dans la sphère des mots de notre langue? Et d'abord, le langage des gestes est-il suffisant pour remplir cette haute mission? Incontestablement, le langage des signes est d'une grande importance dans l'enseignement du sourd-muet; il aide à l'élève, et il contribue à l'amener à l'intelligence des mots. Le langage des gestes est aux sourds-muets ce que la parole articulée est aux entendants-parlants; il est pour eux, dans l'exposition de leurs idées, la représentation du langage articulé. De même qu'on ne peut absolument pas se passer de la parole articulée auprès des enfants jouissant de l'ouïe pour leur communiquer les notions premières de la langue, on ne saurait se passer du langage des gestes pour introduire les sourds-muets dans ces mêmes notions.

La méthode à suivre doit être nécessairement adaptée à la nature des individus. *Parlez comme vous pensez,* telle est la loi de la vie intellectuelle de l'homme, d'après laquelle le sourd-muet ne peut apprendre à parler (à écrire et à lire) que par la forme qu'il donne à sa pensée, les signes ou gestes.

Si pour l'enfant qui possède l'ouïe la parole articulée est un signe de l'idée, pour le sourd-muet le mot ne deviendra tel que par la mimique, et l'on peut affirmer que le mot, avant qu'il soit le signe immédiat de sa pensée et la forme propre de ses rapports avec les hommes, doit être conçu avant tout comme le signe de son signe gesticulé.

Mais les signes, dans leur rapport avec les idées, ont-ils la même valeur pour les sourds-muets que la parole articulée pour les enfants entendants-parlants ? On n'en saurait douter ; nous-mêmes, qui sommes doués de l'ouïe, nous acquérons plus facilement la mémoire des choses que des mots. Peu d'hommes pourront répéter les termes dont s'est servi un orateur dans son discours; cependant, beaucoup pourront donner un résumé fidèle de ce qu'ils auront compris. Il est bien plus facile d'oublier les signes arbitraires qui constituent les langues parlées, que ceux qui sont dictés par la nécessité et puisés dans la nature. Que de personnes, après avoir appris une langue étrangère, en ont oublié les mots et les expressions par le fait qu'elles ne la pratiquaient pas!

Le sourd-muet peut-il approfondir le mot et acquérir la connaissance de la relation intime et étroite qui existe entre le mot et la pensée? Sans aucun doute! Le rôle du langage des gestes ne se borne pas seulement à apprendre au sourd-muet à concevoir et à employer le mot comme la forme de sa pensée, il l'initie dans la constitution de la langue, il lui sert d'intermédiaire entre le mot et l'objet qu'il désigne, entre le mot et l'idée; il lui donne la signification de telle ou telle expression de la langue, il lui fait découvrir la liaison, les rapports de la langue et de la pensée en lui communiquant leur analogie.

Au reste, l'idée est tout à fait indépendante du mot et du geste, qui ne sont, écrits ou parlés, que ses interprètes. L'idée ne se développe en nous que par l'activité de notre intelligence, dont les gestes ou la parole articulée sont les auxiliaires. Ce n'est pas en apprenant à écrire ni à lire aux entendants-parlants qu'on les a initiés à la pensée.

L'écriture et la lecture n'ont d'autre mission en eux que de leur procurer les moyens de la fixer et de la développer. Ce n'est pas l'écriture ni la lecture qui produisent la pensée chez le sourd-muet; elles ne sont pour lui qu'un instrument nouveau pour l'introduire dans le domaine d'une langue qui lui est étrangère et dont il apprendra les mots et les expressions en prenant pour base sa langue maternelle.

Toutefois, avant que le sourd-muet puisse penser dans la forme abstraite des mots, il doit être capable de faire la transition de son propre langage à celui des mots, s'exprimer en mots avec la même aisance qu'il s'énonce en signes, obtenir, par un usage constant des mots dans la représentation de ses idées, la facilité qui lui est nécessaire. Le mot doit toujours marcher de concert avec la pensée. Si, au fur et à mesure que les connaissances en mots de l'enfant entendant se multiplient, il peut faire abstraction de la forme articulée concrète et penser dans la forme articulée abstraite, de même pour le sourd-muet, à mesure qu'il se familiarise avec le langage des mots, le geste fait place au mot. Or, comme conséquence du fait que le langage des mots, ou pensée abstraite, dépend de la faculté pleine et entière de *la formation des mots* et de *leurs combinaisons différentes*, la tâche principale de l'instituteur doit être d'amener graduellement le sourd-muet à un point tel qu'ayant à sa disposition les mots et les moyens de les employer, il puisse penser et s'exprimer en mots avec facilité. Pour atteindre ce résultat, il est indispensable que l'élève conçoive les mots dans la relation qu'ils ont entre eux.

Ainsi, faciliter l'enseignement de la langue, frayer le chemin au développement de la parole chez le sourd-muet, tel est le rôle du langage des gestes. En lui est le principe fondamental de la langue, mais non celui de son perfectionnement. Son influence sert à mettre la langue au jour, à créer des mots, mais il ne peut revendiquer le développement complet et la spiritualisation de la langue qu'il doit laisser à une méthode spéciale d'enseignement. Le langage des gestes pourra-t-il jamais pénétrer dans la profondeur de la langue et des sciences? Evidemment non! Je ne pense pas qu'il soit nécessaire de faire ressortir l'infériorité du langage mimique par rapport au langage syllabique, ni de démontrer l'impossibilité d'en exiger qu'il fasse connaître la construction des phrases, qu'il atteigne le sens propre et idéal des mots, qu'il en soit la représentation claire, précise. Il est évident aussi que l'on ne peut avoir dans le langage des gestes un signe particulier pour chaque mot, de telle manière qu'il puisse suivre le génie de notre langue. S'il en donne la signification, il ne peut en prendre la forme.

De quelle utilité est pour l'élève un langage qui ne jouit pas des conditions inhérentes aux relations sociales? qui, incapable d'habituer le sourd-muet à la construction du langage syllabique, ne lui apprend à parler ou à écrire qu'un jargon? Ses mots peuvent être corrects, mais sa phrase suivant l'ordre de la mimique est presque toujours incompréhensible pour les entendants, et réciproquement les phrases des entendants ne suivant pas la construction du langage des gestes, ne sont pas comprises. Le langage mimique ne peut avoir d'autre rôle que celui d'interpréter de son mieux le sens de la langue parlée. On ne peut exiger qu'il accomplisse la haute mission de l'articulation; sa forme est très-restreinte, et quoique le sourd-muet pense et apprenne beaucoup par son moyen, les connaissances qu'il en acquerra seront forcément très-bornées. Ce qu'il aura appris par le langage des signes, il doit le concevoir et se l'assimiler dans la forme du mot pour son instruction ultérieure; car le mot seul est la représentation la plus générale et la plus spirituelle de la pensée de l'homme; il en est la forme la plus exacte; par le mot seul, l'homme atteint la vraie connaissance des choses et l'intelligence parfaite des idées et des notions abstraites.

Si donc le mot et non le geste doit être la représentation des idées et des notions du sourd-muet, il ne devra les concevoir que dans la forme sévère du mot.

Au reste, l'école française et l'école allemande sont dans un parfait accord pour affirmer que les idées et les notions que l'instruction procure au sourd-muet ne se fixeront dans son esprit et ne s'y assimileront que par le mot. Par le mot seul il spiritualisera ses représentations matérielles, communiquera facilement avec tous les hommes, acquerra toutes les connaissances nécessaires à la vie sociale, se perfectionnera dans son instruction et ne rétrogradera pas.

Mais, si l'on est d'accord dans les deux écoles sur la forme que doit revêtir la pensée du sourd-muet, il n'en est pas de même quand il s'agit de celle dans laquelle l'élève concevra le mot. Dans cette question elles sont diamétralement opposées. L'école française déclare que l'écriture est un moyen suffisant pour l'enseignement du sourd-muet, ainsi que pour ses relations sociales. L'école allemande affirme que l'écriture ne peut absolument pas se passer, dans l'enseignement, du secours du langage articulé; qu'en agissant différemment on en compromet la réussite, et elle qualifie de fausse et de contraire à la nature et à la pédagogie la méthode qui se propose d'apprendre aux enfants le langage, exclusivement au moyen de la pantomime.

Les résultats de ces deux méthodes si franchement opposées ne sauraient être de la même valeur. Dans toute instruction, l'enseignement doit être adapté à la nature de l'individu, or, laquelle des deux écoles peut se glorifier d'être dans un accord complet avec la nature du sourd-muet? L'une ou l'autre peut-elle se vanter que son élève ait acquis et se soit approprié ses connaissances sans aucune contrainte, sans la moindre aversion et de son propre gré?

L'une et l'autre invoquent en faveur de leur enseignement, le même droit d'instruire leurs élèves par des moyens naturels; elles oublient que pour se conformer aux lois de la nature, il ne suffit pas de ne leur faire aucune opposition, mais qu'on doit laisser un libre cours dans le développement de l'individu. Or, il est tout aussi peu naturel au sourd-muet de s'exprimer en parole articulée qu'en parole écrite. Quoi qu'il en soit, si les deux écoles n'ont pas procédé en tout point, dans leur enseignement, en conformité de la nature du sourd-muet, il est incontestable qu'elles ont suivi la voie que leur assignait l'état de leurs élèves. Les résultats qu'elles ont obtenus le témoignent hautement. Toutefois, les pensées du sourd-muet devant être traduites en mots, c'est-à-dire dans la forme et la représentation du langage articulé, l'écriture n'ayant une signification réelle qu'en s'associant au langage articulé étroitement uni à la pensée, et l'*énonciation* de la pensée par la langue ne pouvant avoir lieu que par la parole et non par l'écriture, c'est le langage articulé qui doit être le point central de l'enseignement du sourd-muet pour devenir ensuite celui de ses relations. Les avantages de la parole pour le sourd-muet sont palpables; elle est plus pénétrante et plus vive que l'écriture : elle a été comparée à une épée à deux tranchants pour démontrer sa puissance de pénétrer jusqu'au fond de l'âme, d'y produire des sensations ignorées et d'y développer des idées qui sont en rapport intime avec son essence. Par sa rapidité elle répond mieux à l'activité de l'esprit, elle élargit le cercle des relations du sourd-muet, elle lui permet, dans les occupations ordinaires de la vie, sans les interrompre, de continuer une conversation; elle le rapproche de l'enfant ordinaire jusqu'à le faire presque son égal, elle l'associe d'une manière toute particulière à ses conceptions.

La prononciation, quelque incorrecte qu'elle puisse être, présente à l'élève l'immense avantage d'idéaliser les perceptions de son intelligence et de leur donner la vie propre à la parole articulée.

Si, à ces dernières considérations sur la valeur de l'articulation, auprès des sourds-muets, j'ajoute celles que j'ai présentées précédemment, son rôle est suffisamment indiqué dans leur enseignement.

Voici en quels termes s'exprime M. Krüse dans la comparaison qu'il établit entre les deux écoles, et comment il en fait ressortir la nature et l'importance : « Nous sommes complétement d'accord avec les défenseurs de la méthode française pour reconnaître que l'articulation ne constitue jamais chez les sourds-muets comme chez les entendants-parlants, un moyen égal pour révéler le mystère de la parole ou les vrais rapports des expressions articulées avec les pensées, puisque la signification des sons est perdue, pour les premiers, par l'absence de l'ouïe. C'est la langue des gestes par laquelle le sourd-muet pense et parle, qui lui donne la première révélation. Le mot ne devient pour lui un signe de l'idée, et, partant, une expression de la pensée, que par le geste qui l'accompagne, comme cela a lieu pour l'entendant, par l'intermédiaire des sons. C'est pour cela que le sourd-muet reçoit, chez nous, ses premières idées et ses premières connaissances à l'aide de la langue mimique. A côté de cette langue nous faisons marcher l'écriture, laquelle, en donnant plus de fixité à l'idée, facilite à notre élève la connaissance des rapports qui existent entre la pensée et le mot, le signe et la chose signifiée. Dès le premier pas que fait le sourd-muet dans l'enseignement de la langue, la méthode française cherche à rendre plus tenace, par l'écriture l'impression de ce qu'il a appris, comme la méthode allemande se propose le même but dans la forme de l'articulation. Comme d'après ces deux méthodes, si différentes l'une de l'autre, l'écriture, aussi bien que l'articulation, n'ont qu'une valeur accessoire, le résultat proposé doit être à peu près le même.

« Nous ne pouvons accorder à l'articulation, pas plus qu'à l'écriture, de l'influence sur la pensée. Quelle que soit la méthode employée, les élèves pensent en gestes, et leurs idées, conçues sous la forme de l'une ou de l'autre des méthodes, ne sont qu'une traduction de la langue des signes, de là découlent toutes les lacunes, toutes les aspérités d'expression, tous les défauts que produit la différence du génie et de l'idiotisme de la langue mimique et de la langue syllabique. Le développement subséquent des élèves dans l'intelligence de la langue dépend, dans l'un comme dans l'autre cas, des influences de l'enseignement méthodique de la langue, et le progrès, des deux côtés, est en rapport avec cet enseignement.

« Mais toute tentative pour faire de l'écriture un instrument convenable qui serve d'organe à la pensée, doit complétement échouer, vu que l'écriture n'est qu'une forme morte et une copie de la parole, et qu'elle ne peut devenir ainsi, que par l'intermédiaire de celle-ci, une expression de la pensée. Les élèves réussissent mieux par l'articulation; car en supposant même que, après comme avant leur instruction, ils n'aient aucune idée du son, ils ont cependant un certain sentiment de ce qui leur parle intérieurement, et, à certains égards, une présomption que le son exprime quelque chose, comme plusieurs l'ont reconnu; et l'expérience apprend que, à force de persévérance, leur pensée *s'incarne* enfin dans l'articulation qui devient la *forme prédominante* de l'expression intellectuelle.

« Les résultats que nous avons obtenus sont décisifs en faveur de notre méthode qui s'appuie, d'ailleurs, sur la science psychologique, base qui manque à la méthode française, dont le succès, comme nous l'avons démontré, doit nécessairement être entravé par le défaut de logique qu'on peut lui reprocher. »

J'ai maintenant à examiner dans quel rapport les signes seront employés dans l'enseignement de la parole au sourd-muet.

La grande objection que l'école allemande fait à l'emploi des signes dans l'enseignement des sourds-muets est que : *la possibilité de se faire comprendre autrement qu'en parlant les priverait du mobile de leur attention et diminuerait leurs efforts d'imitation.* Des instituteurs guidés par cette pensée et considérant que l'écriture aussi entravait l'exercice de la parole, n'enseignaient à écrire à leurs enfants que lorsqu'ils étaient parvenus à parler. Mais, après les premières expériences qu'ils firent dans cette voie, ils s'aperçurent bien vite qu'ils n'étaient pas compris de leurs élèves et qu'ils avaient fait fausse route. En effet, dès le commencement de son instruction par l'articulation, à l'exclusion des signes, les mots ne sont pour le sourd-muet qu'une machine bien lourde, que des signes étrangers et sans signification pour lui, et qu'il n'accepte que par contrainte. Son domaine intellectuel, ce sont les signes, sa langue maternelle dont il ne peut ni ne veut se passer. Le sourd-muet à son entrée à l'école ne se trouve pas dans les mêmes conditions qu'un enfant entendant à qui sa mère apprend à parler ; il a acquis beaucoup de connaissances, ses yeux lui ont fait comprendre ce que son oreille ne pouvait pas saisir, et par les actions qu'il a vues se produire autour de lui, il sait, jusqu'à un certain point, ce qu'est la vie sociale. Ce n'est donc pas tant le développement de son intelligence qu'il faut avoir premièrement en vue, mais bien plutôt le moyen de *s'entendre* avec lui. Comment entreprendre son instruction si l'on ne possède pas un moyen de se comprendre mutuellement? Or, l'articulation ne peut pas, par sa nature, relier directement les mots à la pensée du sourd-muet; jamais on ne pourra donner à l'articulation du sourd-muet l'influence que la parole exerce sur l'entendant! Le sourd-muet ne conçoit que par la vue, il ne peut donc penser en sons comme celui qui jouit de l'organe de l'ouïe, d'où il résulte que ses conceptions sont revêtues de formes, de signes et d'images qui donnent à sa pensée un caractère particulier s'éloignant considérablement de la forme ou de la manière de penser de celui qui jouit de tous ses sens, aussi le langage articulé lui étant inaccessible ne sera pour lui qu'une langue étrangère. Or, comment arriver à la solution du problème qui consiste à communiquer au sourd-muet le langage articulé, si ce n'est en se saisissant de son langage, le langage des gestes, en le lui présentant comme base et comme terme de comparaison avec les mots articulés?

Si de l'instruction je passe à l'éducation du

sourd-muet, laquelle malheureusement est souvent négligée, comment par la parole articulée pourra-t-on, d'emblée, à son entrée à l'école, former son cœur, lui indiquer, lui faire discerner si une action est bonne ou mauvaise? Comment stimuler l'enfant paresseux à l'application et encourager celui qui est diligent? Incontestablement, le langage des gestes sera le puissant auxiliaire et l'intermédiaire si désirable et si nécessaire dans l'éducation et dans l'instruction du sourd-muet entre l'élève et son maître.

Oui, le langage des gestes, quelque imparfait qu'il soit comparativement à la parole, trace la seule voie indiquée par la nature, et il est le seul intermédiaire qui puisse faire entrer le plus vite possible, quoiqu'il paraisse dès l'abord le plus long, le plus difficile et le moins direct, le sourd-muet dans le domaine du langage articulé.

Si l'enfant sourd-muet pense, dans son langage, avec autant de *logique*, de *justesse* que l'enfant entendant, je ne puis comprendre en quoi le langage des signes nuirait à l'enseignement et au développement du langage articulé.

On craint que ce langage, une fois introduit dans la pratique, ne domine tout autre enseignement en s'identifiant avec la pensée de l'élève; mais, cette crainte ne peut être motivée qu'autant qu'on dépasse le minimum de l'emploi rationnel de la mimique et de manière que le langage articulé ne puisse plus exercer librement son mandat.

Le langage des gestes doit être appliqué au langage articulé sans se revêtir de formes artificielles; son emploi doit être libre et naturel pour ne pas être préjudiciable au langage des mots; et, si l'on apprend bien au sourd-muet la valeur intrinsèque de ces derniers par opposition au langage des signes, s'il connaît bien leur emploi, ils prendront bientôt le dessus, et ils obtiendront sa préférence sur tout si au lieu d'élargir les limites de la mimique, l'instituteur tend à les rétrécir en donnant à son élève une forte impulsion à s'attacher au mot articulé, le lui présentant uni à sa pensée et non au signe.

Suivant le degré d'instruction de l'élève, le professeur parlera ou écrira plus qu'il ne gesticulera, pour laisser au mot sa portée et son droit. De même, lorsque l'élève questionné répondra, il devra s'exprimer dans la forme sévère du mot et non dans celle des signes.

Bientôt le langage des signes n'aura d'autres fonctions que celles de convaincre le maître que son élève a bien compris sa leçon ou la lecture qu'il vient de faire, en les produisant par la mimique.

Le mot articulé doit toujours précéder le signe ainsi que l'écriture qui constitue la partie principale de l'enseignement de la parole et lui être intimement unie.

Je termine ici ces considérations générales sur l'enseignement des sourds-muets; elles auront une application directe dans la partie pratique de cet ouvrage, ou plutôt elles en sont la conséquence.

PARTIE PRATIQUE

PREMIÈRE ANNÉE

L'âge auquel un enfant sourd-muet commence son instruction est un point qu'il faut prendre en considération.

Sans revenir sur ce que j'ai dit à ce sujet, je ferai remarquer que pendant que les facultés des enfants ordinaires se développent et que ses connaissances s'étendent et se fortifient, celles du sourd-muet se faussent et s'engourdissent par l'isolement et par la difficulté qu'il éprouve à débrouiller ses pensées. Pour beaucoup de personnes, sourd-muet est synonyme d'idiot, et l'abbé Sicard, trompé par les apparences de l'état du sourd-muet entrant à l'institution, n'a-t-il pas défini cet infortuné comme une sorte de machine ambulante, un automate vivant, un pauvre être qui n'a pas même, avant qu'on ait déchiré l'enveloppe sous laquelle sa raison demeure ensevelie, cet instinct sûr qui dirige les animaux destinés à n'avoir que ce guide! Cependant, le sourd-muet de naissance est tout aussi intelligent que l'enfant ordinaire, et il se trouve en lui des idées innées qu'on ne doit pas laisser s'endormir. Plus l'isolement du sourd-muet se prolongera, plus sa raison restera inculte, plus le sens moral lui fera défaut. — Parfois aussi, le délaissement dans lequel il aura vécu et la difficulté de comprendre ses interlocuteurs ou de se faire comprendre par eux, lui donnent un caractère inquiet, ombrageux, quelquefois irascible, violent. S'il a un caractère naturellement doux, ce sera la timidité qui, s'emparant de son âme, l'empêchera d'étendre ses connaissances, ses notions. Porté irrésistiblement à tout imiter, il imite le bien comme le mal. Si, avec de bons exemples, il peut apprendre à faire le bien, l'exemple du mal lui est particulièrement funeste. Le mal qu'il commet n'est pas considéré par lui comme tel, il n'y voit que l'accomplissement de ses désirs, de ses passions qui le portent au mensonge, au vol et à d'autres défauts blâmables. Une fois le mal enraciné en lui, il est bien difficile de l'en extirper. Que d'enfants admis dans les institutions des sourds-muets y apportent des habitudes, des manières affreuses d'autant plus tenaces, difficiles à faire disparaître, qu'elles datent de plusieurs années!

Qui ignore que la surdité prolonge l'état d'enfance du sourd-muet? C'est au moment où s'éveillent en lui des curiosités qu'il faudrait satisfaire, que, le plus souvent, son intelligence est privée d'une salutaire direction. Aussi, sous bien des rapports, à l'âge de dix ans, il n'est pas plus développé qu'un enfant de cinq ans; mais si en lui les connaissances sont en *moins*, les défauts sont en *plus*. Quelques enfants de dix à onze ans qui m'ont été confiés, considérés comme très-intelligents par leurs parents, se trouvaient déjà dans le domaine de l'idiotisme.

Que de peine, que de soucis pour l'instituteur! et de combien de soins ne doit-il pas entourer ces petits infortunés pour ramener l'intelligence dans leurs pauvres têtes!... que d'efforts, que d'angoisse aussi chez l'élève pour comprendre son maître!

Si l'admission de ces enfants à l'institution avait eu lieu dès l'âge de six ans, je n'ai aucun doute que les conditions de leur enseignement n'eussent été plus favorables. Toutefois, leurs progrès sont satisfaisants.

En opposition à ces enfants retardés, je placerai des enfants de six, sept et huit ans, qui écrivent sous dictée les sujets traités dans mon deuxième livre de lecture; rarement ils font des fautes d'orthographe. Ils sont vers la fin de leur deuxième année d'instruction.

Il convient donc, si l'on tient compte de ces diverses considérations, que les enfants soient envoyés dès l'âge de sept ans dans les institutions spéciales. Si l'on se propose le perfectionnement de la parole, l'enfant doit être assez jeune pour que son organe vocal ait gardé chez lui sa flexibilité. Dans ce but, l'âge de cinq à six ans serait préférable à l'âge de sept.

A son arrivée à l'institution, l'enfant sourd-muet est très-bien reçu par ses camarades d'infortune; ils mettent à sa disposition leurs jouets et jusqu'à leur personne. Comment résister à tant d'amabilité, de prévenance? Aussi, sa tristesse se change bientôt en joie; les quelques nuages qui assombrissaient son front, disparaissent pour faire place à l'étonnement et ensuite à la satisfaction. Il s'aperçoit bien vite qu'il est au milieu d'enfants avec qui il communiquera facilement; par les gestes et les signes des élèves, ses nouveaux amis, il comprend que les enfants qui l'entourent sont comme lui privés de la parole, et un nouvel horizon s'ouvre à ses yeux. Il n'aura plus à subir les railleries, les moqueries et souvent les brutalités des enfants ordinaires de son village!... Quel bonheur? Instinctivement il sent que l'isolement, l'abandon dans lequel il se mourait, va cesser à partir de ce jour, et qu'enfin il pourra vivre.

Laissons-le avec ses petits amis qui l'examinent, le questionnent. Ils désirent savoir qui il est; d'où il vient; est-il Français ou Suisse? ils se concertent ensuite pour le désigner, et bientôt un *signe* sera son *nom*. Après, ils lui apprennent à les connaître en désignant les signes qui les nomment. Cela fait, ils se livrent avec plaisir et contentement à toutes sortes de jeux.

Un instituteur les surveille, son attention est particulièrement dirigée sur le nouveau venu. Il s'agit de savoir quels sont ses défauts, quelles sont les habitudes vicieuses qu'il a peut-être contractées loin de la surveillance de ses parents attachés aux labeurs de la journée, afin de les combattre et d'empêcher que les élèves suivent son exemple.

Sitôt qu'il commet une faute, l'instituteur

la désigne immédiatement aux élèves qui en ont été témoins, ceux qui n'étaient pas présents sont appelés et instruits de ce qui vient de se passer. Le mépris se peint sur leur visage et ils s'éloignent de l'enfant coupable. L'instituteur entreprend de lui faire comprendre son manquement; si l'enfant montre du repentir, il trouve de nouveau la bienvenue parmi ses condisciples.

C'est avec le concours de nos élèves que nous établissons la discipline dans l'institution. Chaque fois qu'un enfant, quel qu'il soit, est répréhensible, la répréhension lui est infligée par les élèves sous la direction d'un maître, à moins que la gravité de la faute n'exige une sévère punition. Dans ce cas, la punition relève seulement du directeur. Qu'il me soit permis d'ajouter que notre discipline est excellente. Nous vivons en famille; chacun est jaloux de faire le bien.

Avant d'introduire mon lecteur en classe pour le faire assister à la première leçon d'articulation, j'ai encore quelques observations à lui présenter, afin qu'il s'explique les moyens que j'emploie dans l'instruction du sourd-muet.

Souvent on m'a adressé la question suivante : Puisque vous enseignez la parole aux sourds-muets, empêchez-vous vos élèves de communiquer entre eux par les signes? Ma réponse est oui et non. Je m'explique. Pour que l'enseignement de l'articulation porte des fruits, il est important qu'il ne nuise pas au développement des facultés intellectuelles du sourd-muet. L'articulation ne doit pas être considérée comme un instrument capable et immédiat par lequel l'élève acquiert des idées; elle ne peut en être que la représentation. Si, à son arrivée à l'institution, je prive l'enfant de communiquer par les signes avec ses condisciples, je le place dans un isolement bien plus grand que celui dans lequel il vivait auparavant, et j'enchaîne ainsi l'action de sa pensée au lieu de l'activer. Non-seulement je lui permets de parler par les signes, mais je lui en facilite les moyens. Les élèves de la quatrième ou de la cinquième année possédant une foule de connaissances que le commençant ignore, me servent en quelque sorte de moniteurs. Ils lui apprennent, par ce moyen, à fixer ses idées, à les rendre plus nettes, plus précises ; à connaître et à désigner un grand nombre d'objets, leurs qualités et leurs emplois ; à se soumettre à la discipline de la maison, à discerner le bien du mal ; tour à tour ils le grondent ou l'encouragent, suivant qu'il fait bien ou mal ; en un mot, c'est une éducation et une instruction qui, dans leurs mains, est en bonne voie ; aussi, dès que l'enfant aura fini son articulation proprement dite, et qu'il commencera la phraséologie, notre enseignement sera bien simplifié. Lorsqu'il possède l'intelligence des choses, qu'il les juge avec justesse, que l'idée qu'il en a est bien développée, il n'y a plus qu'à rapprocher le mot ou la phrase des signes représentant ses pensées.

Ce mot, cette phrase, il sait les lire puisqu'il a fini l'articulation, il peut donc, une fois que l'explication lui en a été donnée, l'apprendre par cœur sans le secours de son maître, et, le cas échéant, en faire l'application. Quant aux enfants de la troisième année, il leur est expressément défendu de parler entre eux par les signes. Une classe leur est destinée; dans les leçons aucun signe n'y est admis; leur instruction se poursuit absolument comme s'ils étaient des enfants ordinaires; toutes les explications se donnent par la parole; c'est aussi dans cette forme que toute communication se fait entre les élèves. Dans la chambre à manger, ils ont aussi une table à part pour prendre leur repas, afin qu'ils n'aient pas l'occasion de faire des signes. Mais une fois dans le jardin, tous les enfants sont mêlés ensemble, et, en général, les plus instruits communiquent avec les enfants de la première et de la deuxième année par le moyen des signes. C'est là que se fait le travail intellectuel et moral des élèves de la première année sous la surveillance d'un instituteur.

Bien, me dira-t-on, mais si vous aviez à créer un établissement avec des enfants sourds-muets sans instruction, comment entreprendriez-vous leur enseignement ? Eh bien, en classe, je leur apprendrais à articuler nos sons vocaux, et pendant leurs récréations, je me mêlerais à leurs jeux; de leur vie, je ferais la mienne; je me ferais aussi petit qu'eux ; leur langage, je me l'approprierais; bientôt, les comprenant, je parviendrais à me faire comprendre. Nos moyens de communication augmentant en même temps que nos connaissances s'étendront, ou que nos besoins s'imposeront à nous, bientôt aussi, nous parlerons de toutes choses, de leurs causes et de leurs effets.

Notre route sera un peu plus longue, mais enfin j'arriverai au même résultat qu'en employant des sourds-muets instruits, ou à peu près. A la fin de la 1re année, c'est-à-dire lorsque les enfants auront fini leur articulation, je pourrai, sans crainte, commencer la phraséologie, le terrain étant bien préparé.

Autre question. Comment vous y prendrez-vous pour arriver si promptement à ce résultat? Le sourd-muet n'est pas absolument ignorant des choses de ce monde; il en sait plus que l'enfant ordinaire à qui sa mère apprend à parler. Quoi qu'il en soit, je procède avec lui comme une mère avec son enfant, sans m'embarrasser du triage des idées physiques, morales et intellectuelles et sans me demander si les unes me conduiraient au développement des autres. La mère avec son enfant, passe de l'action à la parole; avec mon sourd-muet, je passe de l'action au signe et à la parole. Voilà, je l'avoue, en quoi consiste toute ma science.

La division des sourds-muets en différentes catégories, d'après leur degré d'ouïe, a été traitée dans la partie technique de mon ouvrage, il n'est pas nécessaire d'y revenir; je dirai seulement que ma méthode est appliquée indistinctement et avec le même succès, en dépit de tout ce qui a été écrit sur ce sujet, à tous les sourds muets qui m'ont été confiés quel que soit leur degré de surdité.

En commençant l'articulation, doit-on procéder par les sons que l'enfant émet, sans en avoir conscience, en s'en servant de point de départ ? Je n'ai aucune hésitation à répondre : *Non*. Ces rudiments de la parole spontanément émis par le sourd-muet sont, en général, des sons nasaux, gutturaux ou rauques, fort désagréables à entendre, se rapprochant plus ou moins de nos sons-voyelles, mais présentant des difficultés de correction souvent insurmontables. Loin de venir en aide à l'instituteur en lui servant de transition naturelle pour aller du connu à l'inconnu, ces sons n'offrent qu'un embarras sérieux à son enseignement; il doit donc les éviter avec soin et en détourner l'attention de son élève.

Quel est le professeur d'articulation qui ne

connaisse pas l'avantage immense qu'il y a à créer des sons plutôt qu'à les corriger? De quelle utilité seront dans la pratique de son enseignement des sons ou des articulations isolées dont il ne pourra pas faire un emploi immédiat? Il devra les abandonner pour s'attacher à un enseignement plus rationnel, à une méthode progressive de telle sorte que, les lettres les plus faciles à prononcer, servent pour ainsi dire de pont pour passer aux plus difficiles. Il faudra offrir en outre, le plus tôt possible à l'élève, un but pratique par la formation des mots dont on lui fera comprendre la signification; ainsi, il se convaincra de l'importance de l'enseignement qu'on lui donne; il s'encouragera dans ses efforts pour apprendre à parler.

Quelle est la succession de lettres qu'il faut adopter et qu'il convient de suivre? Mon expérience m'a conduit à coordonner les sons de telle manière que le premier prépare la voie au suivant. Chacun comprend que pour enseigner l'articulation au sourd-muet, il n'est pas possible de lui présenter les sons ou les signes (lettres) qui les représentent ainsi que cela se fait pour l'enfant ordinaire. La marche à suivre n'est pas la même; tandis que pour celui-ci il n'y a pas lieu de s'inquiéter des organes qui concourent à la production de la parole, pour celui-là, la chose importante étant avant tout la production du son, toute l'attention de l'instituteur se portera sur les lettres représentant les sons les plus faciles à articuler et ayant une analogie mécanique.

En procédant par les lettres labiales, bien souvent, à la première leçon, l'enfant articule *p*, *t*, *f*, *v*, lettres dont le mouvement s'observe facilement. Toutefois, si, en vue d'inculquer au sourd-muet tous les sons de notre langue dans un temps relativement court, je procède par les sons qui ont des rapports entre eux, je dois éviter pour les motifs suivants de lui enseigner successivement toutes les consonnes : 1° ses autres organes vocaux ne doivent pas rester dans l'inaction; 2° l'enseignement syllabique qui présente à beaucoup d'élèves des difficultés très-sérieuses commencerait trop tard; il en serait de même de la partie pratique de l'enseignement.

Dans l'articulation des consonnes, c'est la *valeur* et non le *nom* de la lettre que l'élève doit émettre. Ce ne sera ni *pé* ni *pe* que sa bouche fera entendre. Chaque consonne n'aura d'autre valeur phonique que celle que lui donnent les organes vocaux mis en mouvement par sa production; ex. : le son du *p* sera celui que fait entendre la lettre finale dans *cap;* le *c* n'aura d'autre son que celui qu'on entend dans *lac;* le *t*, celui qu'on entend dans *fat*, etc.

Avant de former des syllabes, l'élève sera exercé à émettre isolément chaque lettre, consonne et voyelle, afin de donner à sa prononciation toute la pureté d'élocution dont elle est susceptible. A cet effet, on ne négligera pas de corriger, sur-le-champ, les défauts qui pourraient se présenter dans son articulation, car ces défauts passés à l'état d'habitude persisteront malgré leur correction ultérieure; plus tard, lorsque son attention devra se concentrer sur l'*expression de sa pensée*, des corrections réitérées l'interrompant à tout instant nuiraient d'une manière fâcheuse à son instruction.

Les sourds-muets donnent en général une résonnance nasale à tous les sons; afin de prévenir ce défaut on ne commencera pas trop tôt l'enseignement des lettres nasales; en outre, on mettra un soin tout particulier à ce que les lettres linguales ne soient pas articulées trop durement; on veillera aussi à ce que l'articulation des consonnes susceptibles d'une certaine retenue, soit suffisamment prolongée. Par contre, dans le but de renforcer la voix, le son des voyelles ne sera pas soutenu; la faiblesse des organes, par un abaissement de la voix, donnerait à l'élève un ton chantant qui n'a rien de commun avec le débit de la parole.

Enfin, une condition essentielle pour rendre compréhensible la prononciation du sourd-muet, c'est de lui faire observer en parlant les lois de l'intonation, de lui indiquer les différentes valeurs des sons *o*, *au*; *é*, *ê*, *ai*, *e eu*; ainsi que la syllabe d'un mot sur laquelle il doit accentuer davantage ou le mot principal d'une phrase qu'il devra indiquer dans son élocution.

Faire parler le sourd-muet le plus naturellement possible, tel est le but principal vers lequel tendent les efforts de l'instituteur.

Le sourd-muet ne parlant pas, l'air n'entre dans ses poumons que par son nez; c'est aussi, dans la respiration, par son nez qu'il sort; rarement sa bouche joue en lui le rôle d'organe respiratoire; elle est presque constamment fermée, aussi en général les sons qu'il émet spontanément sont forcément nasaux, défaut qu'il faudra corriger avec soin; les poumons, dans leurs fonctions, ne recevant que l'air qui est propre à l'acte de la respiration n'ont pas acquis le degré de force nécessaire pour produire des sons.

C'est donc par l'exercice des poumons qui

constituent la partie essentielle de l'organe vocal que le professeur commencera l'enseignement de l'articulation. Il respirera lui-même doucement, mais avec assez de force tout en ne dépassant pas une respiration naturelle, et, plaçant l'une des mains de son élève sur sa poitrine et l'autre sur son dos, il lui fera observer le mouvement que l'air produit dans sa poitrine; ensuite il l'engagera à l'imiter; il exigera de son élève qu'il respire à pleins poumons, et qu'il ne laisse échapper le souffle que peu à peu, d'une manière continue. Cet exercice est très-important, soit pour le développement des poumons, soit pour obtenir une bonne force dans l'émission de la parole. L'élève ne respirera pas trop vite ni trop souvent afin qu'il puisse lire ou articuler un mot de plusieurs syllabes ou même une phrase sans la couper par une respiration précipitée qui la rendrait incompréhensible.

Dans cet exercice, si l'élève laisse passer par son nez une partie de l'air qu'il a respiré, il importe de ne pas négliger la correction de ce défaut qui persisterait pendant tout le cours de l'articulation et donnerait à sa parole un ton nasillard fort désagréable. Si ce défaut ne se corrigeait que lorsque l'articulation des sons est commencée, alors il faudrait adresser à l'élève sur ce sujet des observations continuelles qui le mettraient sous le coup d'une certaine appréhension, et quand les sons *an*, *in*, *on*, *un* lui seraient présentés, l'instituteur rencontrerait beaucoup de difficultés pour les lui faire apprendre. Ces sons seraient émis de la même valeur que *a*, *o*, *é*, *e*, avec une certainc prolongation bien plus gutturale que nasale. Ce défaut parfaitement corrigé, les émissions de l'élève auront toute la netteté désirable, et les voyelles nasales ne présenteront aucune difficulté.

Le meilleur moyen à employer pour cette correction est de pincer, de fermer les narines de l'élève.

J'ai des élèves qui, à leur entrée à l'institution n'étaient pas capables d'éteindre une bougie à la distance de 0m20 ; rien n'est plus concluant pour démontrer quelle était la faiblesse d'expulsion de leurs poumons. Or, la parole d'un élève se trouvant dans cette condition n'aura de la clarté, de la netteté qu'autant que la force d'expulsion de son souffle aura atteint un degré suffisant pour éteindre une bougie placée à 40 ou 50 centimètres de sa bouche. Toutefois, s'il est nécessaire d'insister sur cet exercice, il ne faut cependant pas le prolonger de manière à fatiguer l'élève ; il sera proportionné à sa force physique ; fréquemment répété, il durera peu à chaque reprise.

On a imaginé différents instruments pour venir en aide à l'instituteur dans l'obtention des sons ; des spatules, des pinces ont été employées pour maintenir la langue dans une position donnée, ou bien pour la forcer à s'élever. L'introduction du doigt de l'élève dans sa bouche peut remplir, à l'occasion, le même but. L'instrument qui a vraiment quelque utilité, c'est un miroir. Lorsqu'on commence à attirer l'attention de l'élève sur les mouvements des lèvres pour qu'il les imite, il porte de préférence son regard sur les yeux de son instituteur; il perd ainsi, en partie, ce qu'il y a de plus important dans l'articulation. Cet inconvénient disparaît si l'instituteur se place avec son élève devant un miroir; l'élève ayant sous ses yeux, à la fois, le mouvement de la bouche de son instituteur et celui de la sienne entre lesquels il établit une comparaison qui le met à même de corriger, par des essais répétés, ses défauts d'articulation.

Cependant le miroir n'est pas indispensable, il est souvent remplacé avantageusement par un élève qui, après avoir vaincu les difficultés, est à même de les expliquer, par des signes, à l'élève novice, et de lui aider à les vaincre.

Des instituteurs dans le but de donner de la force à la voix de leurs élèves leur font tenir longtemps le même son. Ce procédé a le grave inconvénient, outre ceux que j'ai indiqués, de fatiguer horriblement les organes vocaux des élèves. Leur voix de vibrante qu'elle était au commencement de la leçon devient, à la fin, un cri plaintif, rauque, fatigué. L'enfant n'ayant aucune idée du son, ne comprend pas le but que se propose son instituteur, aussi cet exercice, après l'avoir fatigué, le décourage et lui fait prendre en aversion ses leçons d'articulation.

S'il peut être agréable d'enseigner des sourds-muets qui s'encouragent dans leur instruction, il ne faut pas oublier que l'on ne peut jouir de cet avantage qu'à la condition que l'élève comprenne le but qu'on veut atteindre. Un son tenu trop longtemps finit par se fausser; s'il y a un défaut dans son émission, ce défaut augmente au lieu de diminuer et bientôt sa prononciation devient si défectueuse qu'elle est inintelligible.

Si l'enfant a quelque peine à articuler un son, son maître imitera le mieux possible son défaut d'articulation, puis, passant de la mauvaise à la bonne articulation, il attirera son attention sur la différence de production des deux sons. S'il ne comprenait pas ce qu'on exige de lui et qu'il se contentât d'imiter l'ouverture de la bouche sans produire de son, après lui avoir fait aspirer et expulser de l'air, son maître lui ferait remarquer que la *vibration* du gosier qui accompagne toujours l'émission d'un son fait complétement défaut dans l'acte de la respiration. En appliquant un de ses doigts sur le gosier de son maître, il apprendra facilement à *distinguer* la différence entre la production de la voix et l'écoulement du souffle.

Toutefois, sitôt que l'enfant aura une idée exacte de la production du son, la sensation intérieure de ses organes vocaux dans leurs fonctions, lui prouvera, mieux que toute autre démonstration extérieure, s'il a produit ou non un *son*.

C'est aussi par son toucher interne que le sourd-muet distingue facilement les différentes tonalités de sa voix ; c'est par ce toucher qu'il saura parler fort ou doucement suivant les circonstances ou la nécessité du moment.

Chaque fois que l'instituteur obtiendra un son ou une articulation de son élève, il ne négligera pas de lui dessiner le signe ou la lettre qui le représente; il lui apprendra aussi à le tracer. Ensuite, articulant lui-même un son connu de son élève et le lui dictant, il l'invitera à l'écrire sur le tableau noir. Par ce moyen il s'assurera si, à première vue, les modifications des organes vocaux qui caractérisent chaque son, ont été saisies, et en même temps il facilitera à son élève la lecture sur les lèvres, lui donnera une leçon d'écriture; plus tard, quand des mots seront articulés, ce sera de plus une leçon d'orthographe.

Les quelques observations qui me restent à faire trouveront mieux leur place dans le cours d'articulation qui suit, aussi j'aborde immédiatement ce sujet.

Dans mon enseignement de l'articulation aux sourds-muets, je divise les sons vocaux de notre langue en dix groupes classés d'après la facilité qu'ont les sourds-muets à les articuler. L'*e* muet n'est pas dans un groupe, son articulation ne présentant aucune difficulté; il en est de même de l'*h* dont la valeur phonique n'existe réellement pas dans la langue française.

1er groupe :		**p, b; t, d; f, v.**
2e	id.	**a, o, ou; é, i; au, eau; ai, ei.**
3e	id.	**c, k, qu; g, gu.**
4e	id.	**m, n.**
5e	id.	**s, ç, z; ch, ge, j.**
6e	id.	**l, r, x.**
7e	id.	**eu, œ, œu; u.**
8e	id.	**ia, ya; io, yo, iau; ié, iai; oi, oy; ieu, yeu; oui, ui.**
9e	id.	**an, am, en, em; on, aon, om, eon; in, im, yn, ym, ain, aim, ein; un, um, eum; oin; ion, yon; ien; ian, iam.**
10e	id.	**ill, gn.**

Le sourd-muet percevant et imitant le plus facilement les lettres labiales, c'est par leur articulation que je commence son instruction. Elles sont placées en tête du premier tableau de ma citolégie.

Ier TABLEAU

1er ET 2e GROUPE.

p—b; —t—d; —f—v. — a, é, i, o, ou.

p.

Cette lettre est, sans contredit, celle que le sourd-muet imite avec le plus de facilité. Toutefois, ce son, devant servir de base pour l'articulation des lettres labiales, sera articulé plus fortement qu'on ne le fait en parlant. Ainsi, l'enfant saisira que sa production n'a lieu que par une explosion de l'air comprimé dans la bouche. — Après qu'on aura aspiré de l'air, on tiendra pendant quelque temps les lèvres serrées; la bouche se remplira de souffle qu'on laissera échapper tout d'un coup avec force, et le *p* sera fortement accentué.

Quelques enfants ont une telle mollesse dans leurs lèvres qu'ils articulent *b* au lieu de *p*. Si l'on ne prend pas la précaution de faire articuler fortement le *p*, on éprouvera de grandes difficultés dans les articulations du *t* et du *q*, par suite de l'analogie que ces trois lettres ont entre elles.

Cette faiblesse de lèvres ne se rencontre en général que chez des enfants qui, par suite de l'abandon dans lequel ils ont vécu, sont presque devenus idiots. Généralement l'enfant articule immédiatement ce son; s'il ne comprend pas, s'il ne parvient pas, d'après l'émission de son instituteur, à le produire, celui-ci, lui prenant l'une de ses mains et, l'approchant de ses lèvres, lui fera sentir le souffle qui s'échappe de sa bouche.

Si l'enfant articule *m* au lieu de *p* c'est : 1° qu'une partie de l'air passe par les fosses nasales ; 2° que l'exercice d'aspiration et d'expulsion de l'air n'a pas été suffisamment pratiqué; il faut donc y revenir.

Il suffit, quelquefois, pour corriger ce défaut,

de fermer les narines de l'élève quand il émet ce son.

---

t.

Ce son est moins facile dans son articulation que celui du *p*. Il s'obtient cependant bien vite si l'enfant articule avec force le *p*.

L'instituteur, dans l'articulation de cette lettre, se gardera de jouer avec sa langue ; il aura soin de la placer chaque fois près des dents supérieures pour ne pas induire en erreur son élève; il n'en mettra pas le bout entre ses dents. Cette lettre sera articulée avec force pour que l'élève ne la confonde pas avec le *d*.

Pour l'émission de cette lettre on dirigera le bout de la langue vers la gencive des dents supérieures, sans l'y appuyer avec trop de force; on la retirera vivement en émettant le souffle.

L'enfant qui aura une grande faiblesse d'émission n'articulera que difficilement ce son, il prononcera, par un violent effort du gosier, un *h* aspiré, auquel il donnera le son d'un *e* muet. — Le seul moyen qui m'ait réussi dans ce cas pour obtenir assez rapidement l'articulation de cette lettre, c'est de faire mettre la langue de l'enfant entre ses dents et de le faire cracher en la retirant avec toute la vivacité dont il est capable. Peu à peu sa langue prend sa place naturelle pour l'émission de cette lettre.

---

f.

Cette lettre s'obtient avec la plus grande facilité ; il est rare que l'élève ne la prononce pas dès la première fois qu'on lui en présente l'émission.

Pour cette articulation, les dents supérieures doivent se rapprocher de la lèvre inférieure, mais d'une telle manière, qu'elles n'interceptent pas complétement le passage au souffle. La lèvre supérieure se relèvera suffisamment pour qu'elle découvre les dents supérieures; ensuite, souffler sans produire de vibration.

Cette articulation, quoique facile, sera enseignée avec soin. On exigera de l'élève que son souffle sorte bien par le milieu de sa bouche; qu'il en sorte avec force, quoique naturellement; que sa langue soit bien étendue, immobile et touchant ses dents inférieures. Par ces précautions, on se préparera la voie pour obtenir facilement le *s*, le *z* et le *ch*.

---

b, — d, — v.

Ces trois lettres sont un adoucissement de *p*, *t*, *f*, on les obtient de la même manière que j'ai indiquée pour celles-ci, en faisant remarquer à l'élève que la seule différence entre ces articulations consiste en ce que les dernières sont fortement émises, et les premières faiblement. L'élève s'en convaincra aisément si le professeur lui fait sentir sur sa main, qu'il portera près de sa bouche, la valeur de la force de son souffle en prononçant alternativement *p*, *b*; *t*, *d*; *f*, *v*.

Toutefois, l'attention de l'élève sera attirée sur la vibration de la lèvre inférieure pour la production du *v*. Un de ses doigts, rapproché de la lèvre de son professeur, le dirigera dans son imitation.

Il est très-important que l'élève accentue, dès le commencement, avec une grande précision, les deux lettres *f* et *v*, afin que, plus tard, il ne dise pas *f* pour *v*.

Les consonnes douces, *b*, *d*, *v*, qui ne présentent aucune difficulté dans leur émission, en offrent de très-grandes par leur analogie avec les fortes, *p*, *t*, *f*, dans la lecture sur les lèvres. Avec un peu de patience et de persévérance, l'élève saisira la différence qui existe entre ces deux sortes de lettres.

Déjà, dans l'enseignement de ces quelques sons, il est facile de se convaincre de cette vérité, que les progrès de l'enfant sourd-muet dans l'articulation sont en rapport avec le degré de développement que ses facultés intellectuelles ont reçu.

Si un enfant intelligent, dont les facultés ne se sont pas engourdies dans un isolement prolongé, apprend rapidement l'articulation, il n'en est pas de même de celui qui, arrivant relativement tard à l'institution, a vécu loin de toute relation. Ce n'est qu'au fur et à mesure qu'il sort de son état intellectuel léthargique que ses progrès dans l'articulation prennent quelque consistance. Pour lui, comme pour son maître, le commencement de son instruction sera laborieux. On comprend, du reste, que, pour son instruction, c'est dans les dispositions intellectuelles de l'élève qu'on a la condition essentielle de réussite.

Le but donc qu'on doit se proposer avant tout est de développer tout autant, si ce n'est plus, son intelligence que son articulation.

J'ai dit que l'énonciation des syllabes ayant des difficultés, il est très-important d'exercer les élèves à les prononcer de bonne heure. Souvent il arrive que les sons articulés séparément sont très-distincts, mais qu'ils laissent beaucoup à désirer dans leurs liaisons syllabiques; en outre, cet exercice donne de la souplesse aux organes vocaux et facilite les moyens d'arriver plus vite à la partie pratique de l'articulation. C'est pour ces motifs que je fais suivre immédiatement l'articulation des consonnes *p*, *b*; *t*, *d*; *f*, *v*; par les voyelles *a*, *o*, *ou*, *é*, *i*.

---

a.

Je commence l'enseignement des voyelles par les trois sons *a*, *o*, *ou*, parce qu'ils présentent à l'élève une gradation dans l'ouverture de la bouche, qu'il peut distinguer et saisir aisément. Cette gradation facilite aussi en lui leur énonciation.

L'émission de ce son présente rarement des difficultés. Cependant, il est de la plus haute importance qu'on l'obtienne avec une netteté qui ne laisse rien à désirer; de sa réussite dépend celle de tous les autres sons.

En général, le professeur prend la main de son élève et la porte à son gosier pour lui faire sentir la vibration qu'y produit l'émission de ce son. L'enfant qui, dans l'articulation des consonnes, n'a pas remarqué de vibration à son gosier, leur production ne s'étant effectuée que dans sa bouche, pense, d'après cet attouchement, que l'émission du *a* doit se produire seulement dans son gosier. De là, des *a* gutturaux et, par suite, toutes les voyelles sont gutturales et rauques, ressemblant plutôt à un grognement qu'à la parole. Le professeur combattra cette tendance de l'élève en lui faisant comprendre par signe que ce *son* doit sortir de sa bouche et non rester enfermé dans son gosier.

Le son guttural corrigé, s'il reste nasal, c'est que la langue, se relevant à sa racine, fait passer une partie du souffle dans les fosses nasales. Dans ce cas, on abaisse la langue de l'enfant, soit avec l'index, soit avec une spatule, pour donner au souffle le passage nécessaire à une bonne vibration.

L'émission du son *a* s'obtient de la manière suivante : la bouche doit être naturellement ouverte, la langue immobile et bien étendue jusqu'aux dents inférieures ; après avoir aspiré l'air indispensable pour sa production, le professeur l'expulse fortement sur le dessus d'une des mains de son élève, comme s'il voulait la réchauffer. Cette expulsion correspond exactement à notre *a* lorsque nous parlons à voix basse. Quand l'enfant imite suffisamment cette expulsion, il ne reste plus qu'à crier très-fort *a* dans son oreille et à l'inviter d'en faire autant.

Si le son n'est pas produit, c'est parce qu'il n'a pas été entendu, cas très-rare ; alors on a recours au toucher de la vibration du gosier, dont on ne doit user qu'à la dernière extrémité.

Dans le peu d'ouïe que peut avoir un sourd-muet, l'instituteur possède un puissant auxiliaire pour obtenir les voyelles avec pureté.

Du reste, je le répète, ce son, ainsi que ceux des autres voyelles simples, s'obtient facilement; mais il est de la plus grande importance que l'élève les produise avec précision, afin que, plus tard, sans trop de difficulté, les sons nasaux étant nettement accentués, ils soient aussi nettement distingués par le toucher intérieur de l'élève, et qu'il ne confonde pas, dans leur émission, les sons simples avec les sons nasaux.

O.

Il suffit, pour l'émission de ce son, de fermer les lèvres, légèrement en avant, de manière à ne laisser à la bouche qu'une ouverture par laquelle le professeur peut passer un doigt.

L'émission du souffle ou la vibration des cordes vocales se fera comme pour le *a;* c'est l'ouverture de la bouche qui modifie le son.

Si l'enfant émet aisément *a*, l'émission du *o* ne présente aucune difficulté. Cependant, la langue, pour le *o*, doit un peu s'éloigner des dents inférieures; sans cette précaution, le *o* tient de l'*e* muet. S'il ressemble au *a*, c'est que la bouche est trop ouverte et la langue trop près des dents inférieures. S'il se rapproche de *ou*, la bouche est trop fermée.

L'émission du *o* prépare celle du *ou*.

---

ou.

Même position de la langue pour ce son que pour le *o* et même émission du souffle ou voix que pour *a*.

Ce son s'obtient ordinairement à la première vue.

La bouche ne doit présenter qu'une petite ouverture pour laisser passer le souffle. Les lèvres ne doivent pas être trop allongées, afin de leur éviter de la disgrâce, de la gêne, de la roideur.

Si l'enfant émet un *u* au lieu de *ou*, c'est que sa langue est trop près des dents, il faut l'inviter à la reculer. S'il produit une certaine résonnance par la vibration de ses lèvres, c'est que l'ouverture de la bouche est trop étroite et le souffle chassé avec trop de force.

Ces défauts se corrigent facilement; en les indiquant j'ai aussi montré le remède.

é.

Ce son exige la même émission de voix que pour les voyelles précédentes et la même position de la langue que pour le *a*. La bouche étant plus fermée pour cette lettre que pour les précédentes, l'élève a la disposition à faire plus d'efforts pour son émission. Cet effort produit en général un *é* nasal, défaut qu'il faut éviter. L'articulation de cette lettre est souvent provoquée avantageusement par le rire en ayant soin de mettre un doigt entre les dents. En effet, telle est la disposition de la bouche pour cette émission. Les dents entr'ouvertes, les lèvres un peu plus ouvertes que les dents doivent être rapprochées des gencives sans trop s'y appuyer.

Il est bien rare que l'élève prononce ce son de prime abord; cependant, il s'obtient sans trop de difficulté. Bien des fois j'ai obtenu le *é* et le *i* dans la même leçon.

L'élève est souvent porté à trop ouvrir la bouche dans l'émission de cette voyelle, aussi, de *é* fermé il devient un *è* ouvert et bientôt un mauvais *a*. Indiquer le mal c'est préciser le remède.

Si le *é* réssemble au *i* c'est que les dents sont trop fermées. Avant de passer au *i*, il faut s'assurer que l'élève possède bien le mécanisme du *é* afin qu'il ne les confonde pas.

I.

Même émission de voix et même position de

la langue que pour le *é*. Les dents doivent être presque fermées, il faut faire mordre l'élève sur un objet très-mince. Ce son coûte presque toujours beaucoup de peine à l'élève pour l'acquérir et à l'instituteur pour l'enseigner.

On fera remarquer à l'enfant la vibration qui se produit, dans l'émission de cette voyelle, au haut du front, sur le crâne; cet ébranlement fait totalement défaut dans celle du *a*. J'ai toujours aisément et promptement vaincu les difficultés que présente cette émission, en articulant moi-même un *i* nasal provoquant une forte vibration aux narines et au front. Après que par le toucher l'enfant s'est rendu compte des deux vibrations et de l'émission de la voix, je l'invite à dire *é* en fermant presque les dents et en imitant les vibrations nasales.

Le son qu'il produit alors, est un mauvais *é* et un très-mauvais *i*; en lui pinçant le nez pour empêcher la résonnance nasale et forcer le souffle à sortir par la bouche, il ne reste plus que la vibration du front et cette émission se trouve dans les conditions voulues pour produire un bon *i*.

On parvient aussi à faire articuler le *i* par l'articulation du *p*. On oblige l'enfant à dire *p* tout en tenant les dents fermées et continuant l'émission du souffle.

Chez quelques enfants, le son *i* provoque une petite grimace; ils plissent leur front et surtout leur nez; si elle leur vient en aide pour acquérir le *i* on la laissera subsister pour autant qu'elle est utile. Sitôt que le *i* sera bon le professeur corrigera ce défaut.

L'émission des voyelles exige la complète immobilité de la langue. Dans les émissions qui précèdent sont compris les sons représentés par *au*, *eau*; *ai*, *ei*.

FORMATION DES SYLLABES.

Je ne saurais trop engager l'instituteur du sourd-muet à ne passer à la formation des syllabes que lorsque son élève a bien saisi le mouvement des organes vocaux qui concourent à la prononciation des lettres prises isolément du 1er et du 2e groupe; qu'il en fait une application exacte et qu'il sait bien les écrire. Alors seulement il convient de les lui faire assembler en syllabes pour l'introduire dans la formation des mots desquels je ne m'inquiète pas si leur prononciation est d'accord avec leur orthographe, car il est facile de faire comprendre à l'élève, par exemple dans *chat*, *pavot*, *habit*, que la dernière lettre de ces mots se rattache au mot écrit et non à la syllabe articulée. La première fois qu'il lira ces mots, leurs lettres finales le surprendront un peu, mais à la seconde il n'y fera plus attention.

Les syllabes doivent être enseignées au sourd-muet de même que les sons simples, c'est-à-dire par leur imitation. Le professeur donc articulera une syllabe que l'enfant répétera avant qu'elle lui soit présentée écrite. Après la formation de plusieurs syllabes, viendra leur dictée. L'élève les écrira sur le tableau noir et ainsi il s'habituera de bonne heure à lire sur les lèvres ces sons composés.

Dans la formation des syllabes l'instituteur s'apercevra immédiatement de l'importance qu'il y a à ne faire articuler les consonnes qu'en leur donnant leur valeur réelle, celle que leur donnent les organes vocaux mis en mouvement par leur production.

Si l'élève a articulé les consonnes en les faisant suivre d'un *e* muet comme *pe*, *te*, *fe*, etc., l'élève ne licra pas immédiatement la voyelle à la consonne qui la précède; au lieu de *pa*, *ta*, *fa*, *va*, il prononcera *pe-a*, *te-a*, *fe-a*, *ve-a*, ou même *pi-a*, *ti-a*, etc. Pour prévenir ce défaut on ne lui fera pas tenir longtemps l'articulation des consonnes prises isolément.

Le même inconvénient existerait pour les consonnes qui suivraient des voyelles; au lieu de *lac*, *cap*, il dirait : *la-que*, *ca-pe*. Il est aussi de toute nécessité, pour la compréhension et la beauté de la parole, que l'élève sache que la syllabe muette qui termine un mot doit s'articuler sans produire la moindre résonnance.

On introduit l'élève dans les mots en lui présentant ceux de notre langue qui sont formés par les syllabes qu'il a apprises à articuler, et dont on peut faire une application facile. Exemple : *papa*, *pipe*, *bateau*, *veau*, *pavot*, *habit*, *hibou*, *poupée*, *toupie*, etc.

Le professeur procédera pour les mots comme pour les syllabes, c'est-à-dire en les articulant premièrement et en les faisant articuler ensuite à l'élève afin qu'il apprenne à les prononcer correctement; il passera ultérieurement à la lecture et à l'écriture. Il ne permettra aucune interruption dans l'articulation d'un mot qui, divisé en différentes syllabes dont chacune serait accompagnée d'une pause, se présenterait comme tout autant de mots séparés et rendrait la parole incompréhensible. Pour corriger ce défaut, l'élève devra tenir le dernier son émis jusqu'à l'entrée du second en évitant toutefois une tenue trop longue qui donnerait un ton chantant à son émission.

Il est complétement inutile d'apprendre d'emblée à l'élève un grand nombre de mots. Avant tout, il doit prononcer ceux qu'il connaît sans effort, distinctement, de son propre mouvement, les lire avec facilité sans que son professeur les articule avant lui. Le moyen pour atteindre ce but est de lui faire répéter le même mot si on le juge nécessaire, trente fois consécutivement, plutôt qu'autant de mots différents.

Chaque fois que l'élève articulera un mot, l'objet ou le dessin représentant ce mot, sera placé devant ses yeux pour que, après avoir appris à l'articuler, il puisse en faire l'application. Dans ce but des tableaux de gravures, correspondant aux mots contenus dans les tableaux de ma citolégie, représentent les objets désignés par ces mots.

Ces tableaux de gravures sont en partie double; sur les uns se trouvent le mot et l'image des objets; sur les autres, l'image ou l'objet seul. C'est le mot accompagné de l'image qui est premièrement mis sous les yeux de l'élève afin qu'après avoir articulé convenablement le mot, il en apprenne l'orthographe et l'application.

L'écriture joue ici un puissant rôle; liée particulièrement à la parole, elle constitue le véritable moyen intellectuel de l'enseignement de la langue; elle fournit des moyens qu'on ne trouve pas dans l'articulation; elle permet à l'élève d'examiner à loisir, de comparer et de reprendre des mots en rapport avec les choses et les objets désignés. — Plus tard, le sourd-muet lisant dans un livre, fait bien plus attention, pour comprendre ce qu'il lit, à l'arrangement et à la place des mots que lorsqu'il les lit sur les lèvres.

En ne séparant pas la parole de l'écriture, le mot s'associe à la pensée et le sourd-muet est rendu capable de l'exprimer par la parole articulée et de méditer continuellement soit en lisant, soit en écrivant. L'écriture et la lecture ont donc une grande importance dans l'enseignement du sourd-muet. Toutefois, il ne faut pas oublier que l'écriture doit être principalement fondée sur la parole et suivre la forme de son développement.

L'enfant ayant une connaissance suffisante du premier tableau qui contient le mot et l'image, on lui donne le tableau correspondant sur lequel ne se trouve que l'image dont l'ordre des gravures est interverti; il devra écrire, de mémoire, les noms des objets qu'elles représentent. Par ce moyen, je constate si l'élève est capable d'appliquer le mot aux objets.

Après la lecture que l'élève aura faite du premier tableau de la citolégie, il passera au tableau noir pour écrire les mots qu'il vient de lire et que son professeur lui dictera. Cet exercice a un triple résultat : 1° la lecture sur les lèvres; 2° l'orthographe des mots; 3° la désignation, par signes, de l'objet désigné par le mot écrit.

On pensera peut-être qu'il n'est pas nécessaire d'employer des signes pour représenter les objets que le sourd-muet sait nommer. Il est certain que, si l'élève n'oubliait pas les noms de ces objets, les signes devraient être proscrits de l'enseignement; mais, dans la conversation, dans les leçons, en l'absence des objets ou de leurs images, comment s'assurer que l'élève ne répète pas le mot comme un perroquet, si ce n'est en lui en demandant la traduction par les signes? Que de fois, à la dictée, un mot a été répété par l'élève sans qu'il fût capable de l'écrire, ne sachant pas à quel objet l'appliquer!... Si du mot je passais au signe le représentant dans l'idée du sourd-muet, immédiatement ce mot était écrit par lui, sans faute, sur le tableau noir. Au reste, le signe n'est pas demandé à l'élève pour lui apprendre le mot, il sert seulement pour vérifier si le mot est compris; le signe dans ce cas, ne devra jamais précéder le mot, et il sera abandonné le plus vite possible ainsi que je l'ai indiqué dans la partie théorique de cet ouvrage.

IIe TABLEAU.

3e ET 4e GROUPE.

c, k, qu; — g, gu; — m, n.

qu.

Cette lettre, qu'on obtient aisément chez beaucoup d'enfants sourds-muets, présente de sérieuses difficultés chez un certain nombre d'entre eux. Cette articulation est produite par le souffle qui, rencontrant la langue comme obstacle, va se briser contre les parois du palais avant de sortir de la bouche.

La bouche du professeur étant ouverte, l'enfant se rendra bien compte de la position de la langue avant qu'il soit appelé à produire cette émission.

C'est la langue qui joue le principal rôle dans l'articulation de cette lettre.

Si on fait sentir à l'élève le mouvement qui se produit au gosier dans cette articulation avant qu'il ait compris le rôle de la langue, il prononcera *eu* aspiré ou un mauvais *a* avec un grand effort de production.

Quoique cette lettre n'ait pas de rapport dans son articulation avec le *t*, on a un moyen très-sûr pour l'obtenir en lui faisant articuler le *qu* comme si c'était un *t* à la condition de tenir le bout de la langue soit avec un doigt ou une spatule, afin d'empêcher à l'élève de mouvoir sa langue et de la lui faire reculer vers son gosier. Alors la partie postérieure de sa langue s'élève tout naturellement et la consonne demandée ne peut manquer de se produire. Quelquefois l'émission du souffle est trop faible et malgré les moyens que je viens d'indiquer, le mouvement qui doit se produire au gosier n'ayant pas lieu, c'est encore une espèce de *t* qui est articulé. Dans ce cas, en introduisant un doigt un peu avant du gosier, on excite ce dernier; un mouvement comme pour vomir a lieu et le son *qu* sort de cet effort; en avertissant l'élève qu'il a prononcé *qu*, on lui fait comprendre le mouvement qui doit se produire; il n'est plus nécessaire de recommencer cette petite opération. Si l'enfant donne *t* au lieu de *qu* c'est que sa langue n'est pas dans une complète immobilité.

Pour l'articulation de cette consonne, la bouche doit être ouverte comme pour le *a;* la langue immobile se relevant dans sa partie postérieure de manière à ce qu'elle fasse obstacle à la sortie du souffle au moment de son émission, en s'appuyant contre le voile du palais. Le souffle, en la chassant, se brisant contre le palais et les dents, produit le *qu*.

---

g.

L'articulation de cette lettre est un adoucissement du *qu*. Pour l'obtenir on procédera comme pour cette dernière lettre. Toutefois, il est bon de faire remarquer que pour le *g* une partie du souffle se dirige vers les fosses nasales; que le souffle sort de la bouche plus fortement pour le *qu* que pour le *g*.

---

m.

Cette lettre est très-facile à obtenir; elle est saisie à première vue par le sourd-muet. Il suffit d'attirer son attention sur les organes qui concourent à sa formation.

Fermer la bouche et chasser le souffle par le nez en produisant une vibration au gosier et aux narines, telle est la manière de produire cette articulation. La langue reste immobile, car, dans la formation des syllabes, si elle produisait le moindre mouvement, l'enfant introduirait une autre consonne entre le *m* et la voyelle qui le suivrait. Ainsi *m-na* au lieu de *ma*. Le doigt de l'élève, placé près de la narine de son professeur, lui fait comprendre immédiatement cette vibration qu'il imite aisément.

Si la production de cette lettre est facile, il

n'en est pas de même de son emploi. L'élève confond facilement cette articulation avec celle du *p* et *vice versa*. Il est donc très-essentiel qu'il se rende un compte exact de la production de l'une et de l'autre par un grand nombre d'exercices; on veillera attentivement à ce qu'il ne les confonde pas dans la prononciation des mots. Le meilleur moyen pour atteindre le but désiré c'est de lui faire articuler alternativement *p*, *m*, *m*, *p*.

Dans la lecture sur les lèvres, le sourd-muet a beaucoup de peine à reconnaître le *p* du *b* et du *m*; le *t* du *d* et du *n*. Pour surmonter, dans la lecture sur les lèvres, les grandes difficultés que présentent certaines lettres par leur analogie, on donnera à l'élève beaucoup d'exercices par lesquels il saisira les particularités qui caractérisent chacune d'entre elles.

---

n.

Pour cette articulation la bouche doit être entr'ouverte comme pour le *é*, le bout de la langue entre les dents empêche l'air de sortir par la bouche.

Même émission du souffle que pour le *m*, par conséquent, même vibration aux narines et au gosier. En même temps que se fait l'émission du souffle on retire vivement la langue d'entre les dents et l'articulation du *n* est produite.

Le caractère distinctif de ces deux lettres c'est que le souffle sort pour toutes les deux par le nez avec cette différence que pour le *m* la bouche doit rester fermée et la langue immobile, tandis que pour le *n* la bouche est entr'ouverte et la langue mobile.

Pour ces consonnes, et pour celles qui les suivront, je n'emploie, dans la formation des syllabes et des mots dont elles font partie, que les voyelles apprises au premier tableau de la citolégie, pour ne pas surcharger la mémoire de l'élève et lui faciliter sa tâche.

Les explications que j'ai données précédemment à propos de la formation des syllabes et des mots serviront pour ces nouvelles consonnes comme pour tous les sons qui suivent. Je les résume en ces quelques mots : 1° Formation des syllabes et des mots ; 2° leur orthographe et leur application par les tableaux du mot et de l'image; 3° leur lecture sur les tableaux de la citolégie; et 4° la dictée qu'en fera le maître à l'élève qui, après les avoir lus sur les lèvres, les écrira sur le tableau noir, ensuite il en donnera la traduction par signes.

IIIe TABLEAU.

5e ET 6e GROUPE.

s, ç, z, — ch, j, ge, — l, r, x.

S.

Si le *f* est bien articulé, cette lettre sera obtenue sans trop de peine; elle est produite par le sifflement de l'air entre les dents.

Quoique l'obtention de cette articulation n'offre aucune difficulté sérieuse, il n'en est pas moins vrai qu'elle exige souvent beaucoup de temps; l'enfant ne laisse pas sa langue immobile, ou l'appuie contre son palais et le souffle, au lieu de sortir par le milieu de la bouche, s'engouffre entre les joues et les dents, sort par les coins de la bouche produisant une articulation embarrassée de salive et ne ressemblant en rien au *s*; c'est du souffle qui sort de la bouche sans vibration; ce sont les dents qui, étant trop fermées ou croisées, empêchent le souffle de sortir librement; c'est la langue qui, s'appuyant contre les dents, bien qu'elles soient suffisamment entr'ouvertes, s'oppose au passage du souffle; c'est encore la langue qui, quoique bien placée, au lieu de rester complétement immobile, produit par un léger mouvement, un *t* en brisant le courant du souffle qui doit sortir directement de la bouche.

Le moyen qui, dans ce cas particulier, m'a toujours et promptement réussi consiste à faire articuler à l'enfant la syllabe *fi* qu'il connaît : Voici pourquoi. Dans l'articulation du *f* se trouve la base du *s*, en ce qu'il faut souffler, pour le produire, comme dans cette dernière lettre, et dans l'émission du *i* les organes vocaux sont placés dans les conditions voulues pour l'articulation du *s*; il n'y a plus qu'à souffler comme pour le *f*. Après deux ou trois répétitions de cet exercice, on fera prendre à l'élève l'expression du rire avec l'ouverture des dents nécessaire à l'émission du *i* et on l'invitera à souffler comme pour le *f*.

Quand l'enfant possède assez bien l'articulation du *s*, pour donner plus de force à cette lettre, je lui fais articuler fortement la consonne double *fs* en exigeant qu'il passe rapidement du *f* au *s* sur lequel il devra s'arrêter plus longtemps. Si l'enfant met sa langue trop près des dents inférieures cette articulation sera gênée et faible, il n'y a qu'à la lui faire retirer en la repoussant avec le bout d'une spatule; plus la langue se retire dans la position qu'elle doit avoir pour l'émission du *v*, plus l'articulation du *s* devient pure.

Z.

Cette lettre est un adoucissement du *s*, elle est produite par une vibration du bout de la langue en émettant le souffle. — Cette vibration se sent au gosier. Si l'on fait sentir d'emblée à l'enfant la vibration qui se produit au gosier avant de lui faire remarquer la vibration de la langue, il pensera que cette vibration se produit exclusivement au gosier et cherchant à l'imiter il prononcera un mauvais *i*.

L'enfant doit comprendre qu'il y a, entre ces deux articulations, une relation étroite.

Le professeur articulera donc dans la même émission de souffle le *s* et le *z* comme une consonne double *sz*. Il prendra une main de l'enfant, l'approchera de ses lèvres et lui fera remarquer que le souffle sort également pour le *s* que pour le *z* mais avec moins de force pour cette dernière.

Quand l'enfant aura compris la vibration de la langue, il sera invité à articuler la consonne *sz*.

La vibration de la langue, pour cette articulation, sera expliquée avec soin à l'élève, car elle servira de point de départ pour le *j* et le *r*.

---

ch.

Cette articulation présente quelques difficultés. Pour les vaincre plus promptement on doit faire articuler à l'enfant le *ch* comme *s*, c'est-à-dire avec la même position des lèvres et des dents, en exigeant qu'il hausse un peu le bout de la langue vers la gencive de ses dents supérieures, mais sans la toucher. S'il avait de la peine à hausser le bout de sa langue et à souffler en même temps, il faudrait diviser cette articulation en deux parties; la première, sans souffler, la bouche ouverte pour lui apprendre seulement à élever le bout de la langue, puis fermer la bouche comme pour articuler le *s*, la rouvrir pour vérifier si la langue est bien en place, et enfin la refermer pour souffler.

Ce résultat obtenu, il n'y a plus qu'à lui faire avancer les lèvres dans la même position que pour *o*. La langue ne doit présenter au souffle qu'une faible résistance. Dans le cas contraire, le souffle gonflant les joues produit un bruit de salive fort désagréable. Toutefois, si le souffle sort trop librement de la bouche, il donne un mauvais *s*. Alors la langue est trop abaissée; il faut la relever.

J.

Le *j* est un adoucissement du *ch*; il est produit par la vibration du bout de la langue. Cette vibration se sent au palais et au gosier.

On présentera à l'élève, pour cette articulation, les mêmes observations qui lui ont été présentées pour le *z*.

L.

L'articulation de cette lettre, quoique assez facile, offre cependant quelque peine à l'élève, elle est en général peu nette, faible; l'enfant l'articule sans énergie : on dirait qu'il manque de force.

Toutefois, on peut lui donner la valeur désirable en employant le moyen suivant : La bouche étant un peu plus ouverte que pour l'émission du *o* ou du *e*, on étend mollement la langue contre la gencive des dents supérieures de manière à intercepter le souffle; alors on produit une résonnance ayant le son de l'*e* muet dont on fait sentir à l'élève la vibration au gosier. Cette résonnance obtenue, on laisse échapper le souffle hors de la bouche; la langue tombe près des dents inférieures et l'on obtient l'articulation demandée.

Lorsqu'on exige de l'enfant la résonnance de l'*e* muet, il se peut qu'il donne la vibration du *n* en faisant passer le souffle par les fosses nasales. Dans ce cas, le professeur, en mettant l'un des doigts de son élève près de son nez, lui fera observer qu'aucune vibration ne s'y produit.

En outre, il lui fera comprendre que cette résonnance doit être plutôt faible que trop forte ; il évitera aussi la vibration des narines en ne demandant qu'une résonnance très-courte. Ce moyen m'a toujours réussi dès la première leçon pour obtenir l'articulation du *l*.

Pour que la langue de l'élève acquière de la souplesse dans l'articulation de cette lettre, qu'il la prononce avec facilité, on lui fera exécuter une série de *le, le*, *le* ou de *la*, *la, la* en lui faisant remarquer que la bouche doit rester dans la position nécessaire à l'émission de la voyelle qui la suit.

La syllabe *li* offre quelques difficultés.

---

r.

Si dans l'articulation du *z* et du *j*, la vibration de la langue est assez forte, elle sera un puissant auxiliaire pour amener celle du *r*, quoique l'agitation de la langue pour cette dernière lettre soit infiniment plus grande et d'une autre nature que pour les deux premières.

De toutes les lettres, le *r* est incontestablement la plus difficile à articuler pour la plupart des sourds-muets. Les enfants ordinaires même n'y parviennent qu'avec peine. Elle s'obtient d'une violente agitation imprimée à la langue par une forte émission du souffle ; dans cette agitation, le bout de la langue frappe coup sur coup de sa pointe contre le palais.

Il y a deux manières d'obtenir le *r* : 1° par un mouvement rapide de la languette (épiglotte); 2° par les vibrations de la langue même. Le premier est un *r* guttural, le second un *r* lingual.

Le *r* lingual a de l'avantage sur le *r* guttural en ce qu'il se lit mieux sur les lèvres et qu'il se prononce plus correctement; pour ces motifs, le professeur ne négligera rien pour l'inculquer à son élève.

Quelquefois il suffit de montrer à l'enfant, pour cette articulation, le mouvement violent que l'émission du souffle imprime à la langue et de la faire ensuite résonner à son oreille pour qu'il l'imite assez facilement. Souvent aussi, une fois que l'élève s'est rendu un compte exact du mouvement de la langue, on obtient facilement le *r* en le faisant précéder d'un *t;* on a ainsi *trrr;* le *t* facilite l'ébranlement de la langue pour produire le *r*.

Si par ce moyen on n'obtient pas cette lettre, on ferait avancer la langue de l'élève hors de sa bouche ; ensuite on lui apprendrait à donner à ses lèvres et à sa langue un mouvement de vibration correspondant au *r*. Peu à peu l'élève retirerait sa langue qui continuerait à vibrer, et enfin elle arriverait, tout en vibrant, à la place désignée.

Le *r* guttural s'obtient en faisant prendre un peu d'eau dans la bouche de l'enfant et en l'invitant à se gargariser. On répète le même mouvement sans eau en faisant attention que ses efforts ne soient pas trop grands afin que le *r* ne devienne pas désagréable en dégénérant en grasseyement.

En général, et malgré sa difficulté d'articulation, le sourd-muet prononce correctement cette lettre qu'il lie facilement avec toutes les autres consonnes.

X.

L'articulation de cette lettre est composée, dans sa formation, de celle du *qu* et du *s* ou du *g* et du *z* que l'enfant connaît; il n'est donc pas nécessaire d'entrer dans les détails de sa production; ce qu'il importe d'observer c'est de faire articuler cette lettre dans une seule émission de souffle.

Une fois que l'élève a terminé le 3e tableau de la citolégie, je puis affirmer que toutes les difficultés de l'articulation sont vaincues, les sons ou les articulations qui restent encore à présenter à l'élève n'étant formés que de sons ou d'articulations qu'il a appris sauf le son *u* du 7e tableau.

Ce que l'élève doit apprendre n'est plus qu'un jeu relativement aux difficultés qu'il a surmontées; l'instituteur s'aperçoit bien vite qu'il entre dans une nouvelle phase de son enseignement; ses leçons maintenant sont pour lui un vrai délassement et comme une récompense de ses efforts; l'enfant est tout joyeux; c'est avec un entrain, un plaisir, un empressement inconnu jusqu'alors qu'il prend ses leçons; il a comme un pressentiment qu'il a remporté une grande victoire; les jours qui lui apparaissaient bien longs accompagnés qu'ils étaient de labeur et de fatigue ne se comptent plus; les tableaux se succèdent rapidement, l'élève s'encourageant de lui-même à son travail par le résultat qu'il en obtient; aussi, c'est avec le sourire sur les lèvres qu'instituteur et élève se rendent en classe; si quelque petite difficulté s'offre encore à eux, elle est bien vite vaincue, bientôt on n'y pense plus; c'est donc avec un cœur tout joyeux que le maître présente le 4e tableau à son élève, car il sait qu'il est entré dans la voie du progrès.

IVe TABLEAU.

FORMATION DE NOUVELLES SYLLABES BASÉES SUR LES SONS CONNUS DES SIX PREMIERS GROUPES APRÈS EN AVOIR FAIT LA RÉCAPITULATION.

Les sons connus sont :

p, b, t, d, f, v, a, o, ou, é, i, y, au, eau, ai, ei, c, k, qu, gu, g, m, n, s, c, z, ch, j, ge, l, r, x.

Les nouveaux sons à former sont :

a, ab, ac, ad, af, ag, al, ap, ar, as, at, ax.
o, ob, oc, od, of, og, ol, op, or, os, ot; ou, ouc, oug, oul, ouf, our.
é, eb, ec, ed, ef, eg, el, ép, er, es, , ex.
i, ib, ic, id, if, ig, il, ip, ir.
ai, air, etc.

On habituera l'élève à ne pas confondre ces nouvelles syllabes avec celles qu'il a précédemment apprises en les rapprochant les unes des autres et en les lui faisant articuler alternativement : ab — ba, — al — la, — ap — pa, — ad — da, — or — ro, — of — fo, — op — po, — og — go, — oul — lou, — our — rou, — oug — gou, — ep — pé, — er — ré, — ed — dé, — ef — fé, — il — li, — ib — bi, — id — di, — if — fi, — etc.

Ensuite on lui apprendra à articuler les syllabes closes qui suivent en procédant ainsi que je l'ai indiqué pour la formation des syllabes et des mots : dab, vif, mor, sol, rup, duc, til, fil, vil, mal, pal, mar, tor, dor, bal, roc, pic, car, suc, til, mer, bel, tir, pour, four, maur, joug, toul, sour, lac, dic, vol, col, dur, cor, etc.

Enfin on lui présentera les mots que l'on peut former au moyen de ces syllabes en les joignant à d'autres qui lui sont connues :

La palme, le marteau, le martinet, le roc, le torse, le corbeau, le fort, le masque, le casque, le fardeau, le lac, le four, le fourneau, la gerbe, la fourche, la source, le sel, la mer, le sourd, etc.

L'élève ne rencontrera dans l'articulation de ces nouvelles syllabes et de ces nouveaux mots aucune difficulté sérieuse ; cependant, il est à craindre qu'en passant de l'émission d'une voyelle qui demande une grande ouverture de la bouche comme le *a*, à l'articulation d'une consonne pour laquelle l'ouverture précédente se rétrécit, l'élève n'intercale entre ces deux lettres un autre son ; ainsi il pourrait dire *a—is* pour *as*.

Le même défaut peut aussi se produire en passant d'une voyelle qui exige une petite ouverture comme le *i*, à une consonne qui veut une plus grande ouverture de la bouche. Au lieu de *il*, souvent l'enfant articule *i—el*.

La correction de ce défaut est facile, il suffit de faire remarquer à l'élève qu'il donne deux sons au licu d'un seul, et d'émettre correctement avant lui, en n'allant pas trop vite, la syllabe incorrecte. Il faut aussi que l'élève ne donne aucune résonnance à la consonne finale de *ces* syllabes ; la liaison des voyelles aux consonnes se fera avec beaucoup de soins, de manière qu'elle donne à la parole de l'élève de la grâce et de la pureté.

Deux consonnes, le *qu* et le *gu*, présentent au sourd-muet, dans leur liaison avec les voyelles, surtout avec le son *ou*, des difficultés assez grandes qu'il ne parvient à surmonter que par des exercices réitérés.

Le professeur préviendra donc ces défauts ; il lui est bien plus facile de les corriger sitôt qu'ils se montrent que de les extirper quand ils auront pris de profondes racines.

Ve TABLEAU.

Le cinquième tableau est la récapitulation de toutes les voyelles, de toutes les consonnes simples et de leurs liaisons entre elles.

A partir de ce tableau, l'élève, de son propre mouvement, lira tous les mots qui sont formés des syllabes qu'il a appris à articuler. Il sera encouragé à son travail en s'apercevant qu'il peut, seul, lire des mots dont il ne connaît pas la signification, particularité qui éveillera en lui la curiosité dont la conséquence se traduira par un désir ardent de s'instruire.

Cette récapitulation est absolument nécessaire; elle sert : 1° à fixer les sons et en apprendre à l'élève la lecture sur les lèvres en lui donnant les moyens de saisir, à première vue, les modifications qui les caractérisent; 2° à la formation de nouveaux mots; 3° à rappeler l'orthographe et l'application des mots connus afin de les graver plus profondément dans sa mémoire avant qu'il en acquière d'autres; 4° à corriger des articulations ou des sons défectueux.

VIe TABLEAU.

Ce tableau renferme : 1° les consonnes complexes représentées par plusieurs lettres inséparables dr, bl, fr, cl, br, cr, pl, pr, gl, gr, tr, vr, fl, etc., qui sont ensuite réunies aux voyelles du 2e groupe : dra, fla, clou, cro, blai, blo, pla, pro, grou, etc. ; après viennent les rapprochements : dra, dar, — pla, pal, — gra, gar, — glo, gol, — pra, par, — cri, cir, etc., et enfin les mots :

Le frère, le pruneau, le plateau, le drap, la glace, le fléau, la cravate, la cloche, la règle, la boucle, le drapeau, la blouse, etc.

Ces articulations, si l'élève est habitué à ne donner aux consonnes que leur véritable valeur, sont obtenues de prime abord, sauf celles dans lesquelles entrent le *c* et le *g* qui offrent un peu de difficulté.

Il est très-important que l'élève ne sépare pas les deux consonnes par l'introduction entre elles d'un *e* muet. Pour éviter ce défaut, le professeur ne fera pas articuler les consonnes l'une après l'autre, quoiqu'en ne leur donnant que la valeur qui leur est propre, il exigera que l'élève les prononce d'emblée d'une seule émission.

Les consonnes complexes formées avec un *s* présentent plus de difficultés d'articulation que celles dans lesquelles il n'entre pas, je ne les enseigne que lorsque celles-ci sont bien prononcées. Ces consonnes sont :
sf, sl, sm, sc, sb, st, sp, sr, sv, squ, ps, spl, spr, scr, str, sgr, scl, etc., avec lesquelles je forme les syllabes : sté, squi, spro, sto, spi, stuc, stac, sta, scri, scro, sco, scrip, etc., et les mots : la spatule, la statue, le scribe, le stéréoscope, le stylet, etc.

2° Les consonnes simples représentées par plusieurs lettres inséparables :
ch, ph, m'h, l'h, n'h, s'h, d'h, j'h, ll, mm, nn, rr, ss, ff, bb, pp, tt, gg, cc, (phr, phl, spl), suivies de syllabes et de mots : le phare, la flamme, l'abbé, le thé, la canne, l'homme, le tonneau, la botte, la tasse, la pomme, la ville, le soufflet, etc.

Le 6e tableau terminé, l'enfant connaît le mécanisme de la lecture ; il n'a plus qu'à apprendre les sons du 7e, du 8e, du 9e et du 10e groupe, qu'il doit réunir de lui-même aux consonnes; il lira aussi les mots formés de ces nouveaux sons, sans que son maître les prononce préalablement.

VIIe TABLEAU.

7e GROUPE.

eu, œ, œu, — u.

eu.

J'ai dit précédemment que le son de l'*e* muet ne présente aucune difficulté. Le son *eu* s'obtient de la même manière que l'*e* muet, mais il doit être tenu plus longtemps.

Pour ce son, les lèvres doivent être un peu plus avancées et plus ouvertes que pour celui du *o*. La langue s'appuie légèrement contre les dents inférieures comme pour le *a*. En émettant le souffle l'élève donnera le *eu*. S'il dit *o* au lieu de *eu*, c'est que sa langue est en arrière de ses dents.

Je commence par l'émission de *eu* au lieu de celle de *u*, parce que cette dernière a pour base la première. Je prends la base du *u* dans l'émission de *eu* au lieu de *ou*, parce qu'en prenant pour base cette dernière, l'élève confondrait dans la pratique de la langue parlée, les deux sons *u* et *ou*. Indistinctement il pourrait prononcer *toube* au lieu de *tube*, et *musse* au lieu de *mousse*.

---

u.

Ce son exige la même position de la langue que pour celui du *eu*, et la même ouverture des lèvres que pour *ou*.

Si l'enfant dit *ou* au lieu de *u*, c'est que sa langue est en arrière des dents qu'elle doit toucher. Le *u* a pour base l'émission de *eu* et le *ou* celle du *o* dans la position de la langue. On peut aussi obtenir le son *u* en faisant émettre celui de *i*; pendant que l'élève donne ce dernier son, on lui fait avancer les lèvres dans la position de *ou*.

Ces sons une fois connus par l'élève, je les fais suivre des consonnes r, l, f, b, s; eur, eul, œur, euf, us, ur, ul, etc.; puis viennent les syllabes : sur, seul, bleu, leur, sœur, l'heur, nheur, fleur, peur, preu, cœur, vœu, meu, etc., et les mots :

le bureau, le légume, la serrure, l'œuf, le bœuf, le chasseur, le pêcheur, le bonheur, la charrue, le dormeur, le buste, la brusquerie, la figue, le facteur, etc.

VIIIe TABLEAU

8e GROUPE.

ia, ya; io, yo, iau; ié, iai; oi, oy; ieu, yeu; oui, ui.

Ces diphthongues, composées de voyelles que l'élève connaît très-bien, n'offrent aucune difficulté dans leur prononciation.

Ce serait se répéter que de redonner des détails sur ces émissions que j'ai suffisamment expliquées. La seule observation à faire est : que ces sons, formés de plusieurs voyelles, doivent être prononcés d'une seule émission de voix.

Au reste, à la première vue, à la première explication qui lui en est donnée, l'élève lit très-bien ces diphthongues et les réunit de lui-même aux consonnes.

Dans ce tableau, comme dans les précédents, ces nouveaux sons, après leur émission, sont présentés à l'élève sous forme d'exercices, puis rapprochés des sons formés avec les mêmes lettres mais ayant une autre valeur phonique, tels que : ia—ai, —oi—io, —ié—ei, etc.

Après leur réunion avec les consonnes simples puis avec les consonnes complexes, je donne à lire à l'élève les mots : la voiture, le ruisseau, la salière, la pioche, aujourd'hui, tiède, le piano, la poire, le voile, le blaireau, la prairie, la brioche, le fruit, la truite, froid, la fruitière.

IXᵉ TABLEAU

9ᵉ et 10ᵉ groupe.

am, an, em, en; on, om, eon, aon; in, im, yn, ym, ain, aim, ein, un, um, eum; ien, ion, oin, uin; ian, iam.

ill — gn.

Tous ces sons ne sont formés que d'articulations et de sons que l'élève a acquis dans ses précédentes leçons. Ils présenteront d'autant moins de difficultés à l'élève pour les apprendre qu'il est naturellement porté à les donner pendant tout le cours de son instruction.

Tous les sons	*am*	correspondent à un	*a*	nasal.
id.	*in*	id.	*é*	id.
id.	*on*	id.	*o*	id.
id.	*un*	id.	*e*	id.

Aussi, pour obtenir un son nasal avec pureté, je fais premièrement émettre avec force la voyelle dont le son nasal dérive en la faisant suivre rapidement de la lettre *m*.

C'est par le son *am* que je commence l'enseignement des sons nasaux; il me présente plus de facilité que les autres.

Après que l'élève a répété plusieurs fois l'exercice de *a—m, a—m, a—m*, en fermant sa bouche et en ne donnant à ces lettres que leur valeur, je l'empêche de la fermer en tenant son menton. Un *am* faible sort alors de sa bouche, il n'y a plus qu'à le fortifier par des répétitions fréquentes.

Cet exercice a pour but de faire comprendre à l'élève que les sons nasaux sont produits par une partie du souffle qui, passant par les fosses nasales, fait vibrer les narines, particularité qu'on ne doit lui faire remarquer qu'en dernier lieu, afin d'éviter une espèce de grognement qui pourrait se produire dans l'émission de ces sons.

Lorsque le son *an* est bien articulé, je passe aux sons *in*, *on*, *un*, qui n'offrent, alors, aucune difficulté, le premier ayant frayé la voie aux derniers.

Il reste encore les diphthongues *ien*, *ion*, *oin*,

uin, *ian*, *iam* formées de *i* et de *in*, *on* et *an*; de *ou* et de *in*; de *u* et de *in*, pour lesquelles il n'est pas nécessaire d'entrer dans des explications. Il suffira à l'élève que son maître lui indique de quelle manière elles doivent être émises pour qu'il les articule immédiatement. L'élève réunira tous ces sons aux consonnes; ensuite on lui présentera les mots :

pinson, balcon, charbon, garçon, jardin, manteau, tambour, chambre, maison, capuchon, cadran, printemps, branche, lion, foin, peintre, dindon, gland, etc.

10e GROUPE.

ill, — gn.

Ces deux articulations s'obtiennent en faisant suivre d'un *i* les lettres *l* et *n* en les réunissant rapidement aux sons qui les suivent.

Ainsi, *papillon* et *agneau* se décomposent de la manière suivante : *pa—pi—lion* et *a—niau*; on en fera l'énonciation sans appuyer sur le *i* placé avant les sons *on* et *au*.

L'enfant lira, à première vue, tous les mots dans lesquels entrent ces deux articulations. Après qu'il les aura réunies aux voyelles, on lui fera lire les mots :

bouillon, poignard, pavillon, paille, vieillard, araignée, oignon, bouteille, etc.

NOMS DES OBJETS APPRIS PENDANT L'ARTICULATION, CLASSÉS PAR GROUPE D'APRÈS MA CITOLÉGIE.

1er TABLEAU.

le bas	la toupie	le pot	le bateau
le tabac	l'os	la pie	la pipe
le pavot	l'épée	papa	le pas
le dé	l'épi	le pâté	le dos
le veau	la tête	le pavé	la taupe
la faux	le hibou	la peau	le tapis
l'habit	la poupée	la toux	

2e TABLEAU.

le gâteau	le tamis	le coke	le coude
le nid	l'âne	l'ami	la guêpe
le couteau	le gué	le képi	la face
la bague	le coq	la capote	le guide
le bouc	le café	le cou	
madame	la cave	le nez	
le canapé	le hameau	le cadeau	

3e TABLEAU.

la chaîne	la chaise	la bêche	la scie
le chapeau	la vache	le loup	le balai
le gilet	la lame	le roseau	la lime
la forêt	le chameau	le râteau	le seau
le tabouret	l'aile	la hache	la mouche
le rabot	la joue	la bouche	le rocher
l'écurie	le chou	le lit	la page
la cerise	le chat	la rave	le chocolat
la rose	la cage	la robe	la rame
la soupe	le rideau	la chemise	la carafe
le rôti	la râpe	le rouleau	

4e TABLEAU.

le casque	le corbeau	le cerf	le ver
le marteau	l'ours	le cor	le tournesol
la gerbe	le masque	le sac	la bourse
le château fort	la source	le corset	le lac
le lac et le matelot	la harpe	l'arbalète	l'air
la herse	la palme	l'orgue	le sourd
le fourneau	le martinet	le renard	le fardeau
la fourche	le roc	le canard	le morceau
la fourchette	le torse	la tour	la mer
le char	la porte	le lézard	le sel
le four	le stylet	la courge	
le pistolet	la veste	le bec	

5e TABLEAU.

l'autel
le marché
les racines
le cheval
la verge
les cartes
la guitare
le lis
le berceau
le général
la boutique
la poule

le cheval
le cachet
le filet
le haricot
le rat
la mauve
la laine
le saule
la sauce
le baudet
le jour
la sauterelle

le parasol
l'échelle
la selle
le sabot
la médecine
la mouchette
la casquette
le vase
le réverbère
le falot
le paletot
le verre

la lunette
le baquet
la roue
le taureau
la route
la saucisse
le souci
le carnaval
la souche
la journée

6e TABLEAU.

le domestique
le portail
les ciseaux
le soldat
le cou
le cerceau
l'escargot
le berger
l'auberge
le soleil
l'homme
le traîneau
les pruneaux
le dromadaire

la marmite
la tige
le chevalet
le harnais
le journal
les lunettes
le rouet
le réchaud
le poêle
le boucher
le crapaud
la cruche
la flamme
le phare

la clef
la fenêtre
le plat
la brosse
le tableau
la cloche
le tricotage
le pupitre
les brosses
la règle
la femme
le soufflet
la glace
la pomme

le troupeau
le frère
la blouse
la fraise
la guêtre
le drap
la broche
la chèvre
le drapeau
l'aigle
la balle
la bosse
les bottes
le bonnet

l'église
le prêtre
la brouette
l'écrevisse
l'arbre
la table
la bouche
la cravate
la propreté
la graine
la lettre

l'abbé
le thé
le cric
la nappe
le fléau
la malle
la brebis
le livre
les tasses
les bras
les clous

la paysanne
la mousse
la bonne
la commode
la charrette
la grappe
la nappe
la ville
le vaisseau
la couronne
le village

la couronne
l'allée
la lionne
le tonneau
la carotte
la colonne
la canne
le tigre
la patte

7e TABLEAU.

la flûte
le facteur
les cheveux
le pêcheur
le tanneur
le feu
le beurre
le cœur
la meule
la gueule
le jeu
le meuble
le lustre

la repasseuse
le rucher
la fourrure
la fumée
l'autruche
la lune
les porteurs
la tulipe
la chaleur
la vapeur
le pasteur
le dormeur
le malheur

la charrue
la fleur
la peur
le bureau
le mur
la bûche
le bûcher
la nuque
le bonheur
le chef
le peuple
le spectacle
le surtout

le buste
la brusquerie
la figure
la jupe
le légume
l'œuf
le nœud
la sœur
l'aveugle
le mercure
le bœuf

8e TABLEAU.

la croix	la fruitière	la hyène	le charcutier
les souliers	le kiosque	lé cavalier	le pressoir
le lièvre	le maire	la truie	la boîte
le chasseur	la voiture	l'essieu	la cafetière
l'ardoise	le chamois	le ruisseau	la passoire
les pieds	le courrier	la Suisse	le meunier
la violette	les fruits	la reine	la foire
la souricière	l'armoire	la pièce	le noyau
le panier	les boîtes	le tuyau	la rivière
le tablier	la noix	le cuir	le portier
lès oies	les noisettes	le cuivre	la tuile
la poire	le mortier	la prairie	la pioche
la fiole	le peuplier	le piano	la salière
le milieu	l'arrosoir	la bière	le lierre
adieu	les oiseaux	l'escalier	la Seine
le froid	le rosier	le trépied	la voile
le bruit	le toit	la toile	la mâchoire
la brioche	le blaireau	la truite	

9e TABLEAU.

bonjour	la faim	le hérisson	le cochon
bonsoir	le bandeau	le chien	le forgeron
le ruban	le salon	le cerf-volant	la lampe
le poisson	le dindon	la langue	le pinson
le jambon	la dent	le savon	le matin
maman	le vent	le charbon	le chiffon
le chandelier	le charpentier	le garçon	le lapin
le mendiant	le ballon	le bâton	le foin
le tronc	le manchon	le balcon	le coin
l'ange	la balançoire	le capuchon	la pension

les mains
le banc
le manteau
la jument
le poulain
les gants
le chandelier
la pompe
le pain
la leçon
le vin
le moulin à café
l'entonnoir
le pont
le compas
le jardin
le cadran
le trembleur
le grain
la planche

l'arc-en-ciel
l'invalide
l'encrier et la plume
la tente
le pinceau
le menton
le lion
le saucisson
le faon
le moulin
le chagrin
le printemps
le flanc
le gland
la pendule
le flambeau
l'insecte
le paon
l'argent

le chemin
le peintre
le sapin
le pantalon
l'hirondelle
le canon
le serpent
la servante
le charron
le tisserand
le chaudron
la maison
le pigeon
la montagne
l'Indien
la cymbale
la jambe
l'éléphant
la semence
la plante

la chambre
les paysans
le daim
les bonbons
la branche
les patins
l'enclume
l'éperon
l'enfant
le mouton
l'ours blanc
l'encre
le plongeur
le tombeau
le tambour
le brancard
le carton
le raisin
le violon

9e TABLEAU.

le vieillard
le poignard
l'oreille
l'œillet
la tenaille
la caille
la feuille
le papillon
la bouteille
l'anguille

la cuiller
la paille
l'agneau
le bouillon
la vigne
le treillis
le cygne
l'oignon
les clous
la tenaille

la coquille
la feuille
la chenille
les quilles
les peignes
la cigogne
le champignon
le pavillon
le billard
l'araignée

la grenouille
la ligne
le borgne

DEUXIÈME ANNÉE.

EMPLOI DES ADJECTIFS LES PLUS USUELS AVEC LE VERBE *être*.

Le nombre des substantifs que l'élève a appris étant jugé suffisant pour le moment, je passe aux adjectifs et je commence par les adjectifs de couleur dont la signification est particulièrement facile à comprendre pour les élèves.

Pour cet enseignement je me sers principalement des gravures coloriées.

La conséquence en est : qu'un objet possédant plusieurs qualités n'est désigné à l'élève que par celle qui est propre au dessin mis sous ses yeux.

Pour certains adjectifs, je présente les objets mêmes, comme pour *sec*, *mouillé*, *fini*, *commencé*, etc.

Pour chaque adjectif je procède de la manière suivante :

1° J'écris le mot sur le tableau noir et je le fais articuler à l'élève ;

2° Je lui fais comprendre la signification de l'adjectif avant de lui montrer l'objet possédant la qualité de ce mot ;

3° J'emploie l'adjectif avec le verbe *être* en l'appliquant à divers objets masculins que je lui montre ;

4° Je répète le même exercice au féminin ;

5° Je fais écrire à l'élève le résultat de la leçon.

Ainsi avec l'adjectif *blanc*, je pose sur le tableau noir la question : *Qu'est-ce qui est blanc et blanche ?* en lui faisant comprendre par un signe que ce que je viens d'écrire sur le tableau correspond à une demande; l'enfant écrit sur son ardoise : *Le cygne est blanc*, *la chemise est blanche*, etc.

Je commence cet enseignement avec l'emploi du verbe *être* de préférence à l'auxiliaire *avoir*, parce que ce verbe présente moins de difficultés.

Une fois que l'enfant a saisi l'emploi du verbe *être*, l'emploi de l'auxiliaire *avoir* devient plus facile pour lui. Cependant, il confondra souvent l'un avec l'autre dans la construction de ses phrases.

Voici le moyen que j'emploie pour lui apprendre à distinguer leur usage :

Lorsqu'il nous écrit par erreur : *L'homme est un chapeau*, je lui demande par signes si l'homme égale un chapeau. Le sourd-muet procédant toujours par terme de comparaison, sans aucune difficulté, fait signe : *non*. Je lui apprends qu'il faut *a* au lieu de *est*. S'il me dit : *L'homme a méchant*, je le questionne par signes de la même manière que je viens d'indiquer ; s'il répond : *oui*, je lui dis qu'il faut *est* et non *a*.

C'est par les deux adjectifs *blanc* et *noir* que je commence la formation des phrases ; aux adjectifs *rouge*, *jaune*, je dis à l'élève que l'adjectif terminé par un *e* muet ne prend pas un second *e* lorsqu'il est employé après *la*.

Les exercices sur ces quatre adjectifs étant jugés suffisants, je présente à l'élève divers objets : *noirs*, *blancs*, *rouges*, et *jaunes;* et pour m'assurer qu'il ne confond pas ces couleurs dans sa pensée, je lui demande de me les désigner en nommant les objets. Ensuite, je lui dicte quelques phrases, dans lesquelles entrent ces adjectifs, qu'il doit écrire sur le tableau noir. Cet exercice ne doit pas être négligé, il a une grande importance dans l'enseignement de l'articulation soit comme lecture sur les lèvres, soit comme orthographe. Chaque leçon doit donc être terminée par une dictée.

Je continue ainsi avec les adjectifs : *vert*, *bleu*, *violet*, *brun* et *gris*, à la suite desquels, sans m'occuper de ceux qui sont intermédiaires, comme *blond*, *châtain*, j'enseigne ceux qui sont les plus usuels, en procédant par terme de comparaison ou par opposition quelle que soit la nature de la qualité qu'ils expriment.

Toutefois, avant de quitter les adjectifs de couleur, j'adresse à l'élève des questions, fautives à dessein, sur leur emploi. Puis j'écris sur le tableau des phrases dans lesquelles j'intercale des fautes, et l'élève doit les corriger.

Ces exercices répétés le plus souvent possible, chaque fois que l'élève aura acquis un certain nombre de nouveaux mots, seront pour le maître autant de pierres de touche pour s'assurer que la matière traitée est bien comprise.

Ainsi, je dirai ou j'écrirai que : *le mouton est vert;* le cygne est noir; l'arbre est rouge; le ciel est jaune, etc. Je donnerai aussi des phrases à compléter :

La souris est — le chapeau est
le pantalon est — la vache est, etc.

En procédant par opposition, afin que l'élève saisisse plus facilement le sens des mots; souvent, j'aurai à lui présenter des phrases telles que celles-ci : *le banc est long, le cheveu est court,* d'où il ne s'ensuit pas que parce qu'un *long cheveu* est moins long qu'un banc, ce cheveu soit court. Il s'agit donc de faire comprendre à l'élève ce qu'est un cheveu long et un cheveu court. Dans ces deux petites phrases où deux objets différents sont comparés, ce sont les adjectifs seuls qui sont opposés l'un à l'autre; non les objets eux-mêmes. C'est à faire la différence de ce qui est long ou court en quoi consiste la leçon. Le terme de comparaison entre deux objets de la même nature n'offre aucun inconvénient; je crois même qu'on peut l'employer avec quelque avantage, quoique cependant il ne faille pas dire trop vite à l'élève, dans la crainte d'embrouiller ses idées, que le même objet peut être, par exemple, *grand* et *petit*. Lorsque l'intelligence de l'enfant sera suffisamment développée, il comprendra de lui-même la différence qui existe entre deux objets de même nature.

Pour peu qu'il y ait de la ressemblance entre des objets, le sourd-muet fait immédiatement un signe qui, les rapprochant dans sa pensée, veut dire : égale. Ainsi, il dira : le mulet égale le cheval. Après avoir montré ces deux animaux, il rapprochera ses deux index en les frappant l'un contre l'autre. Voilà la construction de sa phrase.

L'instituteur du sourd-muet ne négligera pas ce moyen pour apprendre à son élève que tel adjectif égale tel autre adjectif, quoiqu'ils aient quelque différence dans leur signification réciproque; l'enfant acquerra ainsi, dans un temps relativement court, un grand nombre de mots; plus tard il lui sera facile de trouver la différence existant entre plusieurs mots qui lui ont été présentés comme synonymes.

Par exemple, je lui dis que *joli, beau* et *charmant* ont la même signification, mais dans la construction des phrases j'ai soin de n'employer l'un ou l'autre de ces mots qu'à la place qui lui convient.

Je fais de même pour *laid, vilain, affreux, horrible.* — *Sage, docile, obéissant, tranquille. Méchant, indocile, cruel, féroce.*

Je continue donc son instruction par l'adjectif *grand* auquel j'oppose celui de *petit*, en les appliquant aux substantifs qu'il connaît, et je lui dis que : L'homme est grand et l'enfant est petit. La femme est grande; la fille est petite. La maison est grande; la cabane est petite, etc. Ces deux mots étant bien compris j'invite l'élève à en faire l'application aux objets auxquels il peut les attribuer. Renvoyé à sa place, il écrit sur son ardoise la leçon que je viens de lui donner. Après qu'il me l'a donnée à corriger, il la met au net dans un cahier, puis il l'apprend par cœur. La leçon se termine par la récitation et une dictée au tableau noir.

La première partie de la leçon dure une heure; la seconde prend environ cinq quarts d'heure ; la troisième environ trois quarts. Dans la dictée je fais toujours une récapitulation des mots appris précédemment.

Ensuite, viennent les mots :
haut, bas, — long, court, — large, étroit, — droit, courbe, — rond, carré, — lourd, pesant, léger, fort, faible, — froid, chaud, — sec, mouillé, — beau, joli, charmant, laid, vilain, horrible, affreux, — ouvert, fermé, — sage, do-

cile, obéissant, tranquille, — méchant, indocile, cruel, féroce, — plein, vide, pour lesquels mon enseignement se fait de la manière que j'ai indiquée aux mots *grand* et *petit*.

Une récapitulation générale des mots qui précèdent devient nécessaire; elle a pour but de porter l'élève à la réflexion, de lui apprendre à donner au même substantif tous les attributs qu'il sait lui appartenir; de rappeler à sa mémoire des mots qu'il pourrait aisément oublier; d'en graver plus profondément la signification et l'application dans son esprit, par l'introduction, dans les exercices, de phrases fautives qu'il devra corriger; et enfin, d'en maintenir l'orthographe.

Jusqu'à la 15e leçon du 1er livre du lecture, alors qu'il s'agit d'apprendre à l'élève la signification et l'emploi de l'adjectif, l'adjectif a dû nécessairement faire partie des questions qui lui étaient adressées. Dans la récapitulation on donnera au questionnaire une autre forme; le substantif seul sera désigné, et l'élève devra y ajouter son attribut. Au lieu de dire : Qu'est-ce qui est *gros?* on dira : Le bœuf est comment?

Cette dernière question devrait se poser différemment pour être correcte. La crainte que l'élève n'eût plus de difficultés pour la construction de sa phrase, si je la lui adressais correctement, m'a fait admettre cette manière qui lui vient en aide pour répondre; aussi, toute incorrecte qu'elle est, mon expérience m'a démontré qu'elle doit, au commencement de son instruction, lui être présentée sous cette forme.

Cependant, on ne doit pas s'y arrêter trop longtemps; sitôt que l'élève possède le mécanisme de sa phrase, son professeur devra lui adresser la question correcte : Comment est le bœuf?

Jusqu'à la 28e leçon incluse je n'apprends à l'élève que des adjectifs. Arrivé à cette leçon il en a acquis cent quarante. Six semaines à deux mois suffisent amplement pour cet enseignement.

Qu'il me soit permis d'affirmer qu'à partir de la vingtième leçon, même avant, lorsque je passe au tableau noir pour écrire les mots qui feront l'objet de ma leçon, ce sont les élèves qui me les dictent eux-mêmes? Ce fait pourra étonner bien des personnes; rien de plus simple pourtant. L'élève qui a son livre de lecture entre ses mains demande à l'un de ses condisciples plus savant que lui, les signes correspondants aux adjectifs que son maître doit lui apprendre le lendemain; ces signes, l'enfant les connaît déjà; dans ses communications journalières par la mimique avec ses condisciples, il les a employés bien souvent; il n'y a donc qu'à les rapprocher de ces mots, dont il ignore la signification, pour qu'il puisse à l'instant même en faire l'application. Quelle joie inonde le cœur de ces enfants! Quelle victoire pour eux lorsqu'ils peuvent étonner leur maître par les connaissances qu'ils ont acquises eux-mêmes! Quelle émulation, quels élans ils montrent alors dans leur travail pour acquérir cette parole qu'ils considèrent comme le meilleur de tous les biens !...

EMPLOI DE L'AUXILIAIRE *avoir*.

L'emploi de cet auxiliaire dans la construction d'une phrase a bien ses difficultés ; cependant, elles sont facilement vaincues.

Voici de quelle manière je les surmonte.

Montrant le pantalon d'un élève, je demande par signes : A qui appartient ce pantalon ? L'élève à qui il appartient répond : A moi. Pour bien lui faire saisir quel est le propriétaire de cet objet, je lui affirme le contraire ; je lui dis qu'il appartient à l'un de ses condisciples. De son côté, il soutient qu'il est bien à lui ; alors, je le confirme dans son idée et j'écris sur le tableau la phrase : Le pantalon est à moi. Après m'être assuré qu'il l'a comprise, je lui demande son nom ; sitôt que l'enfant s'est nommé, je remplace le mot *moi* de la phrase par le nom de l'élève ; alors, je lui apprends que : *le pan-*

talon est à Gustave, égale : *Gustave a un pantalon.*

Cet exercice terminé, je m'adresse à un autre élève, lui montrant son gilet ou ses souliers, je le questionne de la manière que j'ai indiquée; ensuite, prenant un tableau de gravures, j'écris : L'homme a —, et montrant un objet connu, l'élève complète la phrase. Je lui présente ainsi un certain nombre de questions : Le mouton a —, la vache a —, la souris a —, la maison a —, la femme a —, etc. Puis, changeant la forme de la question, je lui demande :

Qui est-ce qui a une queue?
Qui est-ce qui a un nez?
Qui est-ce qui a une bouche?
Qui est-ce qui a un tablier?
Qui est-ce qui a une robe? etc.

Pour l'emploi de cet auxiliaire, de même que pour celui du verbe *être*, je montre à l'élève les objets ou leurs images dont il est question dans ma leçon.

Ces exercices introduisent dans cet enseignement l'usage du pluriel, qu'il faut expliquer en y insistant.

Aux questions : Qui est-ce qui a des cornes? etc., l'enfant devra désigner plusieurs substantifs ayant la même propriété. Il lui sera facile de faire ce travail. Ainsi : Le bœuf, la vache, le mouton, la chèvre, etc., ont des cornes.

L'élève écrira : Le bœuf a des cornes; la vache a des cornes; etc. L'instituteur lui fera comprendre que la première construction de phrase égale la seconde, qui est trop longue, et l'habituera d'emblée à une construction correcte; il lui aidera dans son travail autant qu'il le jugera nécessaire.

Quatre ou cinq leçons suffisent pour que l'élève saisisse cet exercice; je joins dès lors un adjectif au second substantif contenu dans la phrase.

La maison a un toit rouge.
L'arbre a des feuilles vertes.
La dame a une robe rouge.
Le bœuf a deux cornes courbes, etc.

On devra s'arrêter suffisamment sur cet exercice, afin qu'il soit bien compris. Si l'élève a quelques difficultés, pour lui ouvrir l'intelligence, j'écris les questions comme suit : La maison a quoi? comment? L'enfant répond : La maison a un toit. Je continue : *Le toit est comment?* — Le toit est rouge.

Lorsque l'élève construira avec facilité ces nouvelles phrases, son maître joindra un complément au premier substantif.

La grande maison a des fenêtres carrées.
La petite fille a un ruban vert.
La jument noire a un poulain rouge, etc.

Si l'élève a bien saisi l'exercice précédent, il est évident qu'il n'aura aucune difficulté pour celui-ci. — Un mois est suffisant pour apprendre la construction des phrases avec l'auxiliaire *avoir* à la 3e personne du singulier du présent de l'indicatif.

EMPLOI DU PRONOM ET DU VERBE.

Pronoms personnels au singulier.

moi — je
toi — tu
lui — il, elle.

Quand l'élève sait quelles sont les personnes que ces pronoms désignent et dont ils prennent la place, je joins, à ces pronoms, un verbe : manger. Je lui montre premièrement l'action désignée par ce verbe. Faisant moi-même l'action, je dis : *Moi, je mange.* — Et ensuite, avec interrogation, m'adressant à un élève : Toi, tu manges. S'il a compris, il répond : Non. Je lui donne à manger, et je répète : Toi, tu manges. Alors, il répond : Oui. Lui montrant un enfant : Lui, il mange; il répond : Non. Je donne du pain à l'enfant et je répète : Lui, il mange. Il répond : *Oui.* Je procède de la même manière avec les verbes marcher, sauter, porter, courir. Puis, je demande à l'élève : Qui est-ce qui marche ? Qui est-ce qui mange, saute, porte, court ? Et nous formons les phrases :

Le cheval marche.
L'enfant saute.
Je marche.
La vache mange, etc.

Cet exercice se continue de la même manière avec un certain nombre de verbes, pendant cinq ou six leçons, après lesquelles j'exige que l'élève désigne, à chaque verbe, tout ce qu'il sait marquer l'action de ce verbe.

Tout en continuant les verbes, je présente à l'élève la négation *non — ne pas ;* ensuite, je lui explique (par signes) qu'en plaçant les mots *je — tu — il, elle*, après le verbe, je le questionne. Quand je lui dis : Manges-tu ? je lui apprends qu'il doit répondre : *Oui, monsieur, je mange*, ou, *Non, monsieur, je ne mange pas*, suivant qu'il fait ou non l'action de manger.

Après m'être assuré, par beaucoup de questions, qu'il a saisi ce nouvel exercice, je l'invite à répondre aux questions suivantes ;

Le pupitre marche-t-il?
Sautes-tu?
La boîte mange-t-elle? etc.

ainsi qu'aux affirmations qui suivent :

La montagne mange.
La règle écrit.
Le pupitre ouvre la porte, etc.

affirmations qui provoqueront chez l'enfant une réponse négative et un travail intellectuel.

Maintenant, dans la conjugaison des verbes, aux trois personnes du singulier du présent de l'indicatif, l'élève devra introduire la négation, c'est-à-dire que le verbe sera conjugué affirmativement, négativement et interrogativement :

je travaille	je ne travaille pas	travaillé-je?
tu travailles	tu ne travailles pas	travailles-tu?
il travaille	il ne travaille pas	travaille-t-il?

Chaque conjugaison est suivie d'un grand nombre de questions, soit sur les verbes qu'on apprend à l'élève dans chaque leçon, soit sur ceux enseignés précédemment.

Après la conjugaison des auxiliaires *être* et

avoir on lui donne à compléter les phrases suivantes :

Le chien — petit.
La maison — blanche.
La poule — une tête.
Le coq — une crête, etc.

Puis on lui demande *s'il est content*, s'il est triste, s'il a une toupie, une ardoise, etc., mettant à profit l'emploi de ces auxiliaires pour faire une récapitulation générale des adjectifs et des substantifs qu'il a acquis. La négation ne sera pas oubliée dans ces exercices.

Voici du reste quelques exemples.

As-tu déjeuné aujourd'hui?
As-tu mangé de la soupe à déjeuner?
Es-tu un enfant tranquille?
Le chien est-il méchant?
L'âne peut-il manger de l'herbe?
Le singe sait-il écrire une page?
La table peut-elle fermer la fenêtre?
Manges-tu de la soupe maintenant?
Aimes-tu la viande et le légume? etc.

De temps en temps on fait une récapitulation des verbes enseignés en demandant à l'élève leurs significations, et leurs applications par les questions :

Qui est-ce qui mange?
Qui est-ce qui ne mange pas?
Qui est-ce qui marche?
Qui est-ce qui ne marche pas? etc.

Enfin, avant de quitter les verbes, j'enseigne les adjectifs *mon*, *ton*, *son* et *ma*, *ta*, *sa*, en les rapprochant : *mon*, *ma*, de *moi*, *ton*, *ta*, de *toi*, *son*, *sa*, de *lui*, *elle* que l'enfant connaît; par ce moyen il est bien plus facile de lui faire comprendre leur emploi.

A qui la plume?	La plume est à moi.	C'est ma plume.
A qui cette ardoise?	L'ardoise est à toi.	C'est ton ardoise.
A qui le crayon?	Le crayon est à lui.	C'est son crayon.

Il faut avoir soin que les objets indiqués à l'élève appartiennent à des individus tenant la place de la 1re, de la 2e et de la 3e personne, ce qui est facile par la désignation *que l'on fait avec l'élève des personnes* dont on parle.

L'enfant indiquera à son instituteur la personne correspondant à l'emploi des adjectifs suivants,

ma pipe	ta bouche
ton tabouret	mon pantalon
son ardoise	son gilet.

Pour cet exercice, je prends plusieurs enfants. Lorsqu'il s'agit de *mon*, *ma*, l'enfant doit se montrer lui-même; si c'est *ton*, *ta*, il s'adresse à l'un de ses camarades, et pour *son*, *sa*, s'adressant encore à lui, il désigne avec sa main un autre élève.

Cet exercice est suivi par des questions dans le genre de celles-ci :

As-tu trouvé mon chapeau?
As-tu apporté ton cahier?
Ton père est-il venu!
Le chien a-t-il mangé sa soupe?
As-tu vu ta mère? etc.

EMPLOI DES ADVERBES, PRÉPOSITIONS ET CONJONCTIONS.

C'est par les mots : *sur* (dessus), *sous* (dessous) que je commence cet enseignement.

J'explique par signes la signification de ces

mots; ensuite je montre des objets qui se trouvent *sur* ou *sous* un autre objet pour en faire l'application.

Je fais suivre les explications de la leçon par les questions :

Le livre est-il sur le pupitre?
Ton cahier est-il sous la table?
Joseph couche-t-il Gustave sur le plancher?
La selle est-elle sur le dos du cheval? etc.

J'enseigne à l'élève un assez grand nombre de verbes en même temps que les mots invariables. Les mots invariables enseignés dans la seconde année sont: *sur* (dessus), *sous* (dessous), *avant* (devant, en avant), *après* (derrière, en arrière), *dans* (dedans), *hors* (dehors), *près* de (auprès de), *loin*, *assez*, *trop*, *beaucoup*, *peu*, *avec*, *ou*, *et*, *très*, *combien*, aussi que, *plus que*, *moins que*, *contre*, *entre*, *pour*, *par*, pour l'enseignement desquels je fais usage du moyen que j'ai indiqué aux mots *sur* et *sous*.

TROISIÈME ANNÉE.

En dehors du corps enseignant qui se rattache à la méthode d'articulation, on croit, en général, que le sourd-muet est hors de toutes difficultés lorsqu'il est parvenu à articuler et à émettre les lettres de l'alphabet de notre langue. Le public si facile à impressionner crie bien vite *au miracle* aussitôt qu'il entend un sourd-muet prononcer quelques mots qui n'ont aucune signification pour lui. Hélas! qu'on est encore éloigné du résultat qu'on se propose!... Les quelques mots que le sourd-muet peut apprendre à énoncer en peu de jours ne sont pas la connaissance de la langue par laquelle il communiquera ses pensées. Qui ne sait que de toutes les connaissances que le sourd-muet doit acquérir, la plus longue et la plus difficile est, incontestablement, celle de sa langue nationale?... En admettant même qu'il arrive à classer logiquement des mots et à construire grammaticalement des phrases, on ne peut en déduire qu'il sache s'en servir habituellement pour l'expression de sa pensée, puisqu'on ne peut créer la langue par le moyen des seules règles qui en corrigent les défauts ou en dirigent l'emploi.

La langue n'est pas une machine par laquelle on combine des mots et des phrases, et parler ce n'est pas énoncer mécaniquement, artificiellement des mots qui n'ont aucune signification pour celui qui les articule; parler, c'est exprimer nettement, facilement, intelligemment et intelligiblement ses pensées au moyen de la parole articulée; aussi le sourd-muet ne connaîtra-t-il et ne parlera-t-il réellement sa langue, que lorsque sa parole représentera ses idées, et que son cœur et son intelligence marcheront de pair avec ses lèvres.

On ne se doute pas des conditions multiples sans lesquelles la parole intellectuelle ne naîtra jamais sur les lèvres du sourd-muet et même sur celles de l'enfant entendant. La parole n'est pas un phénomène agissant spontanément, capable de traduire une pensée vivante, se nourrissant d'idées parce qu'elle s'est nourrie de sentiments. La parole intellectuelle n'éclora que grâce à des soins attentifs, assidus, à des caresses encourageantes, à des procédés en rapport avec la nature de l'enfant, à une méthode progressive sans cesse à sa portée, réveillant en lui cette vie spirituelle qui est l'essence même de l'homme.

Peut-on compter pour rien les efforts d'une mère pour amener son enfant de la vie physique à la vie morale par le moyen de la parole? L'instituteur des sourds-muets ne se trouve-t-il pas en présence de plus grandes difficultés?

Ce n'est pas lorsqu'un enfant dira : *papa, pain, soupe,* que sa mère affirmera qu'il sait parler; elle constatera seulement que son enfant parviendra à la parole. — Ce n'est pas non plus lorsqu'un professeur de sourds-muets aura appris à ses élèves quelques mots et même quelques phrases qu'il pourra soutenir qu'*ils parlent*. Une distance immense sépare les mots isolés, de cette faculté dont l'homme est doué de mettre de l'ordre dans le chaos de sa pensée, de la diviser et de la communiquer à ses semblables; aussi, j'estime que les difficultés que rencontre l'instituteur dans l'enseignement de l'articulation proprement dite, sont bien petites en comparaison de celles qui résultent de la réunion ou de la connexion de la parole avec la pensée.

Si l'instituteur s'imagine que son enseignement doit se borner à présenter d'abord à son élève des idées simples et ensuite à les réunir en propositions; s'il croit que par un simple assemblage de mots il parviendra à donner à son élève le moyen de débrouiller ses idées et de les exprimer, il se trompe étrangement; son œuvre échouera contre d'insurmontables difficultés.

Par cet enseignement, il créera une machine, répétant mots par mots des phrases qu'on lui aura apprises, et les répétant comme un perroquet. L'élève ainsi formé sera comme un automate *parlant* sans avoir conscience des mots qu'il prononce, sans en connaître la signification ni l'emploi, parce qu'on aura mis dans cet enseignement la *lettre* avant l'*esprit*. La pensée, une pensée vivante ne présidera pas à ce langage, et l'élève sera incapable de répondre, par une phrase de sa création, à une demande qui lui sera adressée autrement que dans la forme d'un questionnaire habituel.

Le grand défaut de cet enseignement consiste en ce qu'on emploie : une méthode artificielle en l'isolant des lois naturelles, l'instruction sans l'éducation, la parole sans le langage vivant, le langage d'action ; on ne cherche pas à activer l'intelligence de l'élève, dans sa liberté, en le formant pour la vie réelle par l'introduction, dans les leçons, des moyens qu'emploie la mère de famille pour amener son enfant à la vie morale et intellectuelle.

De ces considérations très-succinctes que je crois suffisantes, je conclus : 1° Que toute méthode d'articulation, quelque complète qu'elle puisse être, exige néanmoins le concours intelligent, le dévouement de l'instituteur et des connaissances spéciales relatives à son enseignement. 2° Qu'on n'atteindra pas le résultat tant désiré : *le langage par la parole articulée*, en se bornant aux heures réglementaire des leçons communes; ce ne sera pas surtout en suivant une méthode au pied de la lettre. (De ce qu'un enfant sait lire et réciter des phrases, on ne peut conclure qu'il sache parler.) 3° Que dans son enseignement de la langue au sourd-muet l'instituteur doit exercer une action morale, intime sur son élève; il n'a pas seulement à corriger des expressions vicieuses se produisant surtout en dehors des leçons, il a aussi à redresser des idées empreintes sur des types étrangers au travail intellectuel qui agit sur l'esprit des entendants par des rapports sociaux auxquels le sourd-muet ne peut participer dans la mesure commune, d'où résultent, pour lui, ces jugements faux portés sur les hommes et sur les choses. Il faut donc qu'en dehors des classes, en dehors de la méthode, l'instituteur suive son élève jusque dans son for intérieur, qu'il agisse avec énergie, en même temps qu'avec douceur, sur sa manière de penser; qu'il vive le plus possible avec lui, causant de toutes choses afin de meubler sa mémoire des formes reçues et consacrées de notre langue et d'une plus grande connaissance des choses usuelles de la vie, dans un temps relativement court; qu'il prévoie et qu'il satisfasse ses curiosités et même qu'il en fasse naître pour lui apprendre à bien parler. 4° Que l'instituteur est dans l'obligation de préparer sa leçon avant d'entrer en classe, la méthode ne devant être pour lui qu'un programme. Sans cette précaution son enseignement sera défectueux; il lui manquera ce *sel* qui est nécessaire pour que tout mets soit succulent. En classe, il perdra beaucoup de temps pour trouver les moyens par lesquels il parviendra à l'intelligence de son élève, et, ces moyens cherchés précipitamment laisseront presque toujours à désirer, ils n'atteindront pas le but parce qu'ils n'auront pas été suffisamment étudiés. 5° Qu'il faut laisser, dans une méthode, une part active suffisante à l'initiative de l'instituteur. C'est dans cette pensée que, tout en réunissant les divers éléments qui constituent mon enseignement, j'ai évité avec soin qu'ils ne fussent qu'un *cadre* légèrement tracé, dans lequel le maître aurait trop à remplir, ou trop minutieusement détaillé, ne lui laissant qu'un travail servile et mécanique de remplissage.

Ce dont l'instituteur qui adoptera ma méthode doit se pénétrer, c'est la pensée qui y a présidé; alors, quoiqu'il apporte des modifications dans mon programme, il ne risquera pas de sortir de la voie que je me suis tracée au bout de laquelle il parviendra au but.

Le but, et le secret d'une bonne méthode c'est : *d'apprendre aux enfants à réfléchir et à s'exprimer clairement*. Cette pensée a dirigé mon travail, et pour donner plus d'attraits à nos élèves de troisième année dans l'étude de leur langue, pour leur en donner une connaissance exacte, leur apprendre à en surmonter les difficultés grammaticales, sans toutefois leur enseigner la grammaire, je leur présente ces difficultés une à une dans des leçons arrangées de manière à ce que chaque phrase puisse leur servir de modèle dans l'application qu'ils auront à en faire en eux-mêmes, ou aux objets qui les environnent.

Pour y parvenir, j'ai développé un certain nombre de sujets s'appliquant à la vie journalière. Chaque sujet renferme des mots nouveaux s'y rattachant. — Les mots nouveaux sont écrits en tête de chaque sujet. — Avant d'entrer dans le développement du sujet, j'apprends à l'élève la signification de chacun de ces mots; je les lui définis séparément en leur donnant des synonymes, par des mots connus de l'enfant, ou même par de petites phrases; ensuite, nous en faisons l'application dans un grand nombre de cas différents. Dans ce travail, l'enfant a autant de part que le maître.

Ce travail terminé, l'enfant est renvoyé à sa

place et le maître écrit sur le tableau noir les mots qui ont été étudiés. L'élève doit en donner la signification par écrit et de mémoire ; il construira, en outre, le nombre de phrases, indiqué par son instituteur, sur chacun de ces mots.

Ce n'est qu'à la leçon suivante que j'aborde le sujet dans lequel se trouvent ces mots.

En général, ma leçon de mots qui est en même temps une leçon de conversation orale, me prend deux heures. Le travail écrit de l'élève dure une heure environ.

Chaque partie du discours est présentée à l'élève de la manière que j'ai précisée : l'article contracté; les adjectifs déterminatifs, les pronoms ; toutes les personnes et tous les temps des verbes et enfin les mots invariables. Dans le choix de chacune de ces parties à présenter à l'élève je n'ai pas pris pour guide la grammaire; je me suis conformé aux exigences de l'enseignement de la langue aux sourds-muets.

Un coup d'œil jeté sur mon troisième livre

de lecture convaincra mes confrères que je n'ai rien négligé pour développer graduellement les facultés intellectuelles et morales du sourd-muet, et pour les habituer à raisonner et à s'exprimer avec clarté et précision. Je leur laisse le soin de juger si ce but a été atteint.

La plupart de mes lecteurs, en terminant la lecture de mon cours d'articulation, se demanderont, sans doute, quels sont les résultats que j'obtiens dans mon établissement par la méthode d'articulation !...

Je suis très-mal placé pour faire moi-même l'éloge de mon institution. Si j'en dis quelques mots, quant aux résultats obtenus, ce ne sera que dans l'intérêt même de la question générale de l'enseignement aux sourds-muets, question qui occupe vivement le public en ce moment.

Je ne citerai qu'une visite, celle qu'a faite à mon institution M. Goupil, poussé par l'importance qu'il donne à toute discussion des problèmes se rapportant à l'enseignement des sourds-muets.

M. Goupil, ancien conseiller d'Etat, président du Conseil de consultation à l'institution des sourds-muets à Paris, vice-président honoraire de la Société centrale des sourds-muets, ne sera certainement pas suspecté de partialité. Or, voici ses paroles concernant des enfants qui terminent leur cinquième année d'études. « J'estime que ces enfants sont aptes dès à présent à exprimer leurs pensées et à communiquer avec toute personne par le moyen de la *parole articulée*. Je les comprends très-bien ; il n'y a rien dans leur parole qui puisse choquer les oreilles, aucun son guttural, ni rauque, leur parole est vibrante et facile, et je constate qu'ils communiquent avec moi, qu'ils voient pour la première fois, avec autant de facilité qu'avec leurs professeurs. Quant aux élèves de la troisième année leur prononciation est excellente ; un seul l'a moins facile que ses condisciples. J'ai adressé plusieurs questions orales à ces enfants; pas une demande n'est restée sans réponse (1). »

Tous mes élèves sont sourds-muets de naissance. M. Goupil a vérifié le degré d'audition de chacun d'eux. Trois élèves entendent un peu, mais aucun n'a pu répéter les mots qu'il a prononcés très-fortement derrière leurs oreilles.

Au reste, je m'en remets pleinement à M. Goupil; il a pris des notes et, s'il le juge à propos, dans l'intérêt qu'il porte à toutes les questions se rattachant au développement de l'instruction et de l'éducation des sourds-muets, il exposera les résultats qu'il a constatés dans sa visite à mon établissement le 12 et le 13 août de cette année.

Aux appréciations de M. Goupil quant à l'articulation j'ajouterai celle-ci : Quoique la parole de mes élèves soit très-compréhensible, elle

(1) Les élèves de la deuxième année ont fait une dictée en présence de M. Goupil. Le sujet dicté avait pour titre : L'enfant sage. Un élève de six ans et demi n'a fait qu'une faute. C'est M. Goupil qui a corrigé toutes les dictées. Il a pris note du nombre de fautes de chaque élève.

a néanmoins dans la prononciation quelque chose d'étranger pour tout Français. On est porté à se demander : Est-ce un Allemand, un Italien qui me parle ? C'est par ce motif, sans doute, que Roumains, Anglais, etc., n'apercevant pas le défaut de prononciation de mes élèves, ont de la peine à se convaincre qu'ils parlent à des sourds-muets.

TABLE DES MATIÈRES

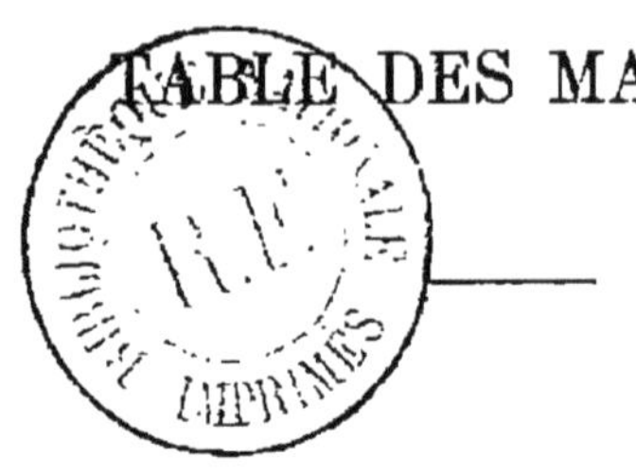

Paris. — Typ. de Ch. Meyrueis, 13, rue Cujas. — 6582.

OUVRAGES DU MÊME AUTEUR

A L'USAGE DES SOURDS-MUETS

CITOLÉGIE. 1 fr. 50

Tableaux de gravures correspondant à la Citolégie. 1 fr. 50

Premier livre de lecture faisant suite à la Citolégie. Phraséologie. 1 fr. 50

Deuxième livre de lecture. Choix de sujets s'appliquant à la vie journalière à la portée des élèves de deuxième année. 1 fr. 50

Troisième livre de lecture. Continuation progressive de phraséologie. 2 fr. »

Quatrième livre de lecture. Récapitulation de ce que l'élève a appris dans ses trois premières années d'études. 1 fr. 50

6582. — Paris. Typ. de Ch. Meyrueis, 13, rue Cujas. — 1874.

www.ingramcontent.com/pod-product-compliance
Ingram Content Group UK Ltd.
Pitfield, Milton Keynes, MK11 3LW, UK
UKHW021044220726
13924UKWH00005B/2007

9 782019 914